本書由上海市教育委員會重點學科建設項目（J51701）資助

会計經典叢書

連環帳譜

蔡錫勇 編著
郭道揚（版本提供）

會計經典叢書

立信會計出版社

圖書在版編目(CIP)數據

連環帳譜/(清)蔡錫勇編著.—上海:立信會計出版社,2009.12
(會計經典叢書)
ISBN 978-7-5429-2426-1

Ⅰ.①連… Ⅱ.①蔡… Ⅲ.①會計方法 Ⅳ.①F231.4

中國版本圖書館 CIP 數據核字(2009)第 240191 號

策劃編輯　黃成艮
責任編輯　黃成艮
封面設計　周崇文

連環帳譜

出版發行	立信會計出版社		
地　址	上海市中山西路 2230 號	郵政編碼	200235
電　話	(021)64411389	傳　真	(021)64411325
網　址	www.lixinaph.com	E-mail	lxaph@sh163.net
網上書店	www.shlx.net	Tel:	(021) 64411071
經　銷	各地新華書店		

印　刷	上海申松立信印刷有限責任公司		
開　本	787 毫米×960 毫米	1/16	
印　張	14.75	插　頁	3
字　數	56 千字		
版　次	2009 年 12 月 第 1 版		
印　次	2009 年 12 月 第 1 次		
印　數	1—3100		
書　號	ISBN 978-7-5429-2426-1/F·2121		
定　價	31.00 元		

蔡锡勇

《會計經典叢書》編輯指導委員會

總序

組織中外會計經典著作與普及性會計讀物出版，是潘序倫先生創立的立信會計事業的重要組成部分，歷史上的『立信會計叢書』影響海内外，已爲推動華夏會計事業的發展作出了杰出貢獻。爲向中華人民共和國六十週年大慶獻禮與紀念中國會計改革三十年，立信會計出版社特製定宏偉計劃，隆重推出《會計經典叢書》（以下簡稱《叢書》），擬在今後相當長的時期内，分期、分批系統出版在世界會計發展史上具有一定學術地位的名人名著，以最終形成具有傳世意義與珍藏價值的系列會計文化精品，爲全球會計界樹立起一座金字塔。

人類社會的會計事業有着悠久而偉大的歷史，它的發端期與遠古文化、藝術，以及原始算術相一致，在其起源之際所顯示出來的管理功能，便與解决人類生存及發展問題至爲密切相關，由此，它創立了自己的偉大歷史起點。在進入『財産社會』及至其後的『産權社會』後，會計在維護和保障公共權益與私家（或公司）權益中的作用越來越突出，在經濟控制中的基礎性地位越來越重要，這正如馬克思所講：『過程越是按社會的規模進行，越是失去純粹個人的性質，作爲對過程的控制和觀念總結的簿記就越是必要；因此，簿記對資本主義生産，比對手工業和農民的分散生産更爲必要，對公有生産，比對資本主義生産更爲必要。』近、現代會計發展的歷史事實證明了馬克思這一光輝論斷。作爲現代市場經濟管理控制基礎的會計，當今已被人們看作實現社會經濟可持續發展的基本保障，其作用又回歸到與維護及保障人類的生存發展相關的方面，這已成爲當今人類必須正視的一個問題。當然，會計控制的作用不僅僅顯示在强化經濟管理工作方面，而且更爲突出還表現在科學思想發展與會計理論、文化建設方面。先進的會計思想和科學的理論一直持續影響着會計學與會計工作的發展，這也是現代會計學之所以成爲交叉科學與邊緣科學的重要原因。盡管它作爲一門科學的研究成果成書時間較之其他科學爲晚，然而，近代社會以後，會計經典之作的産生與發展却展現出後來者居上的演進態勢，尤其是在現代社會經濟、政治、文化，以及在現代科學技術發展的推動之下，以會計理論與實務研究爲中心的領域不斷拓展，以會計、審計和財務管理爲基本内容的理論與方法技術體系已經形成，會計學已在科學羣體中獨樹一幟，其經典論著層出不窮，熠熠生輝。

弘揚會計學的歷史發展成就是一代又一代會計學者應承擔的重大責任，整理出版會計著作精品是履行這一責任的重要體現，《叢書》出版目標正是根據這一點確定的。一方面《叢書》編委會將盡職盡責地做好這項工作，確保以上乘的質量，持之以恒地出版這套《叢書》；另一方面也企盼來自各個方面的支持，在著作遴選、修訂與出版等方面做到群策群力，以實現《叢書》出版所預期的目標與擴大它的世界影響。

一四九四年，意大利文藝復興時期著名會計學家盧卡・帕喬利的力作《算術、幾何、比及比例概要》（潘序倫先生譯爲《數學大全》，以下統一用此名）一書出版，極大地影響到整個歐洲，成爲歐洲數學發展史上的輝煌篇章。《數學大全》的第三卷第九部第十一篇論題爲《計算與記録要論》（葛家澍教授譯爲《簿記論》，以下統一用此名）。《簿記論》是系統研究簿記學的歷史起點，它的問世開闢了人類會計發展的新時代，是會計學建設發展史上的里程碑，它的影響極爲深遠，其意義是世界性的。《叢書》在原譯中文版本的基礎上，通過再次校譯與訂正，作爲首批經典著作推出，它對整套《叢書》的出版具有奠基性意義與作用。《簿記論》一書很值得每位會計學者和工作者珍藏與反復研讀。

一九〇五年（光緒三十一年），蔡錫勇的《連環帳譜》於湖北官書局鐫刻刊行，它開創了中國會計專著撰寫與出版之先河，真正是『破了天荒』（楊時展教授語，一九九二年），從根本上改寫了中國幾千年來，會計無專書、專文問世的歷史。在當時，這部書的出版不僅迎合了張之洞在湖北創辦各類實業乃至軍工業對改進中式簿記的要求，而且以其引進與改良思想爲啓迪，揭開了二十世紀初期改良與改革中式簿記的序幕，是中國會計學建設史上的重大歷史事件。應當注意，蔡錫勇引進先進簿記原理及其技術所堅持的結合『中土實際』的思想，旨在西爲中用，故他通過精心編譯進行的再創作自始至終顯示了這一精神。他用借貸基本原理，設例解釋中式簿記中的『一收、一付』和『一該、一存』的原理，體現了『洋爲中用』，指引了改良中式簿記的大方向。目前，《連環帳譜》這部上、下兩册的綫裝書，在海內外僅存孤本，此次立信會計出版社通過拍照與精心設計，完好保持了它的原貌，顯示了原書古樸的風格。《叢書》編委會深信這部書出版之後一定會得到社會各界的重視，既珍視它的歷史價值，而又在比較研究中充分發揮它的現實應用價值。

美國著名會計學家A・C・利特爾頓的名著《一九〇〇年以前會計的演進》，是二十世紀三十年代以後對世界會計界發生深刻影響的會計歷史論著，它開創了史論與史证相結合系統研究會計、審計問題的嶄新格局，具有很高的研究參考價值。雖然我國會計界多年來一直在策劃翻譯出版這部書，但由於多種原因未能實現這一計劃。這次，《叢書》編委會決定把翻譯出版這部值得研讀與收藏的論著列入規劃，並確保提高翻譯水平與出版質量，爲中國會計界獻上一份厚禮。

一九〇七年，留日學者謝霖與孟森合著的《銀行簿記學》一書，是繼《連環帳譜》之後，第二部試圖通過引進西式簿記引導中式簿記進行改良的著作。這部書以銀行簿記爲改良目標，其研究的切實性與可操作性很强，故它對於推動我國三四十年代所興起的改良與改革中式會計運動具有直接作用。河北楊汝梅的《無形資產論》是他一九二六年在美國密歇根大學的博士學位論文，論文具有一定創新價值，一度在美國廣爲引用，是中國人在世界會計界產生影響的第一部著作。這部書曾被施仁夫先生譯成中文，譯名爲《商譽及無形資產》，這次出版經過仔細校譯，也將以嶄新面貌出現在讀者面前。同時，圍繞二十世紀三四十年代中國的改良與改革會計之爭，《叢書》還再版了潘序倫與徐永祚先生的代表作。

《會計經典叢書》是一項永久性的出版工程，通過它既能够展示數百年來中外會計學術演變與發展的歷史路徑及其運行規律，也便於廣大會計學者與工作者全面而系統地研究會計學術、實務問題，以達承前啓後，繼往開來，持續進行求實創新之效果。《叢書》編委會誠望會計學者、會計教育者、會計實務工作者，以及其他方面的讀者參與《叢書》的策劃與對會計經典著作的遴選，並對持續出版這套《叢書》提出寶貴意見。我們認爲，這項工程既是中國也是世界會計界共同的事業，它的每一步都需要來自會計界及其他方面力量的推進。

《會計經典叢書》編委會

二〇〇九年十二月

前言

郭道揚

蔡錫勇先生所著《連環帳譜》，是中國出版的第一部研究借貸複式簿記的專著，它在我國近代會計發展史上佔有重要地位。蔡錫勇，字毅若，福建龍溪人。青年時代曾留學日本，對於英文、數學等尤爲精通，也是我國速記術的發明家。蔡氏赴日留學歸來，曾隨同陳荔秋出使美國、秘魯、日本三國，對於西式簿記之術有一定了解。歸國後，蔡錫勇先生在電局任事期間，開始着手研究簿記之術，其後，赴湖北入張之洞幕，乘辦公之餘，博覽海外群書，研究西式賬法妙處，撰成《連環帳譜》一書。《連環帳譜》歷經數載研磨，始告殺青，此乃心血之作。然到光緒二十二年蔡錫勇病逝，此書尚未問世。此後，其子蔡璋繼父遺志，再度考察『書計』之事，爲父校訂《連環帳譜》一書，終至光緒三十一年冬，由湖北官書局鐫版刊印，自此，蔡公之作始與世人晤面。

一、撰寫《連環帳譜》之目的

中國産業落後於西方，欲辦産業，非得改良會計不可。蔡錫勇之子蔡璋雲：『竊見司會計者，繁而寡，要見者，目眩而神迷，非口而指之，漫無端緒，而宦途新舊之際，勾稽財用，常至累月，踰時繆繞而不可爬梳。』無論官方、民間，對賬目的處理都較雜亂，缺乏科學性。要管好産業、家業和國家財政，就必須改變會計的落後面貌，這是蔡錫勇撰寫《連環帳譜》的思想基礎。再從國外的情形考察，凡善理財者均精於會計。蔡錫勇指出：『連環賬法創自意大利國，歐美兩洲經商者，無不效之。』其子蔡璋曰：其游歐洲之時『見意人精計算，條分縷析，鈎檢井井，以制官用，以戹家計。大而集會之公司，小而一家之生業。如絲之析，而益紛，而引其緒，未嘗紊也。夷考其諸國局廠所用，大率範圍於此。』通過介紹引進外國之先進簿記法，以改良中國之會計，這是蔡氏撰寫《連環帳譜》的基本指導思想。花縣湯金鑄跋曰：借貸複式賬法『歐美商學家皆奉爲圭臬，無論若何巨款，悉能錯綜交互，朗若列眉，既無錯漏之虞，且杜欺隱之弊，盈虧豐歉，一目了然，記賬之法，莫妙於此。觀察擇其最精之本譯之，參以中土要理，撰成此書，嘉惠後人，良非淺鮮。』取西式簿記之精華，補中式簿記之短處，既行引進之舉，又有承前之志。中西結合，設計實例加以説明，其内容充分體現了改良中式簿記之精神。

二、《連環帳譜》一書的基本内容

《連環帳譜》分爲上下兩册。全書除對『連環賬法』的總説明——『連環賬凡例』這一部分之外，共分設三例進行具體解説。上册所舉第一例題，分作五卷列示。第一捲爲設題，列舉『陳李號』所辦工廠三月來所發生的賬目，共計六十筆，故卷首曰『設題六十則』。作者以這一部分作爲介紹連環賬法的基礎，第一例便是圍遶着這六十筆業務加以説明的。其餘四卷，前三卷分别列示流水簿、匯清簿、總賬簿的登記方法與它們之間的轉記關係。最後一捲爲期票表與匯票表的編制，作爲清算銀錢之依據。

下册則以某一經營棉花、棉紗、棉布的商號爲例，繼續解説連環賬法。兩例所舉均爲正月至三月所發生的業務，對賬目的處理方法相同，只是在賬簿設置方面有所不同，前者保留了匯清簿，而後者取消了匯清簿。與第一例相比，二、三例增設了銀錢簿與錢款雜用簿，體現了『多種日記賬』的核算形式，故較第一例有一定的進步。

當然，綜觀《連環帳譜》全書，還可以看出作者對不同類型業務的舉例亦各具特色，工業與商業的業務經營活動過程不同，故在連環賬法的具體運用、設例表述方面又有所區别。可見，作者分别不同情況列舉實例，其目的依然在於推行連環賬法，實行改良爲中式會計。

三、《連環帳譜》中的賬簿設置

從《連環帳譜》中所介紹的賬簿組織可見，作者力求把中、西『三賬』結合在一起加以説明，便於人們領會連環賬法。第一類賬簿，中式簿記稱之爲『草賬』，而西式簿記名曰『備忘録』。作者在『連環賬凡例』中指出，這一類賬設有買貨簿、賣貨簿、銀款簿、錢款雜用簿、期票簿、匯票簿，以及貨款簿等。作者還指出，此類賬簿的特點在於對經濟事項的内容的反映力求詳盡，如在買貨簿中反映棉花購進的記録，應當『載明某號、某等棉花幾包，每包若干觔，每百觔價若干，加行用挑力若干或扣行用若干，照來單逐一列明或將原單粘於貨單簿内編一號數，亦可統言之爲一單。入賬時則言，某日買某號棉花一單。最爲簡便。』其賣貨簿之記法大體與此相同。而貨款簿則是根據買貨與賣貨兩簿加以整理轉記的，前者力盡其詳，而後者則力求簡略，以便由此轉記於匯清簿。『須立銀款簿一本，專記現銀出入』，用於掌握銀錢收付和結存之數。匯票簿專記收匯之銀錢，期票簿則專記出匯之銀錢。以上爲基礎賬簿。

第二類是日記賬的設置，即中國傳統所用的日流，在《連環帳譜》中則稱之謂『匯清簿』。匯清者，即將銀款、貨款和票款三簿之賬目統匯於此，以便集中清算和歸類轉記。此簿遵照『有該即有存』的原則處理賬目，猶如西式簿記遵照『有借必有貸』之原則一樣。由於『匯清之後，款目明晰，以之登記總賬可無錯誤』。

第三類爲總賬簿之設置。賬中之分户原理采用西式簿記的基本做法，但其科目名稱仍然保持中式傳統做法，如對往來賬目，或稱之爲『天號』、『地號』，或稱之爲『甲號』、『乙號』。此賬由匯清簿整理過入，按户歸類，與西式簿記總賬作用完全相同，而與中式傳統之總清簿有明顯之區别。尤其進步者，是蔡氏將國外習用之『借貸平衡試算表』引進到賬簿組織之中，該試算表附於總賬簿之後，蔡氏稱其爲『總結單』。此單亦沿用中式傳統做法，采用一字排列法，上列各該之數，下列各存之數，其合計清算之結果，上方之『共該』之數，必然與下方『共存』之數相等。凡相等者，則證明本期賬目處理無誤；凡不等者，則表明本届賬目處理有誤。這種『有該必有存，存該必相等』的原則，是蔡錫勇將西式簿記的『有借必有貸，借貸必相等』之原則引進運用之結果。由此可見，蔡氏在《連環帳譜》中所編之『總結單』，其性質亦與西式『資産負債表』之編制原理相同。

以上這種中西賬簿設置法相結合而形成的賬簿組織系統，是一種改良形態的賬簿組織系統。這個系統可用簡圖表示如下：

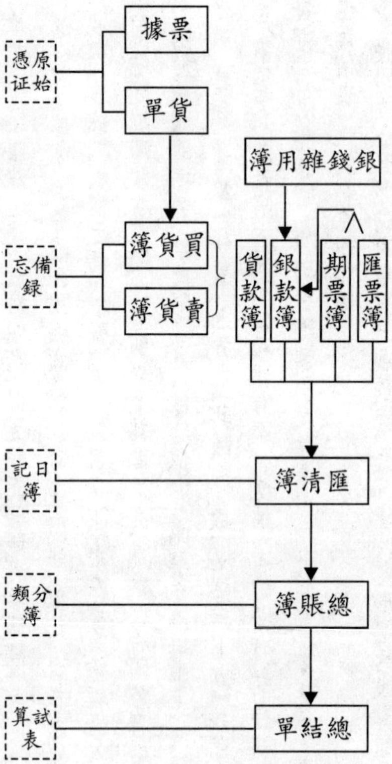

如前所述，作者在三例之中，所設賬簿又有所不同，第一例爲三賬一單之設置；第二例增設了銀款簿和銀錢雜用簿，采用了多種日記賬的核算形式；第三例則取消了匯清簿的設置，在歸類轉記方面進行了簡化。從此三例的變化中可見，作者不僅對十五世紀末帕喬利所介紹的複式簿記法有一定研究，而且對十五世紀以後，西歐各國對賬簿組織的改進，以及對平衡試算原理的改進運用也有了一定研究。

四、《連環帳譜》中所介紹的記賬方法

何謂『連環賬法』，其原理妙處何在？對於這一問題，作者在開篇之時便有明確回答：『連環賬法創自意大利國，歐美兩洲經商者，無不效之。其妙處在一收、一付，一該、一存，凡貨物出入，經我手者，必有來歷去處，我該即彼存，我收即彼付；彼該即我存，彼收即我付，無彼我之可指者。如買物則物該銀款，銀款存某物，所謂連環也。』此乃是對有借必有貸，借貸相連環複式記賬原理形象而通俗的解釋。論其賬理，作者又雲：『結賬時，所該必與所存相符，如有不符，即是錯誤，極須查明更正。』以存、該是否平衡來檢查賬目處理的正誤，正確者，可加以肯定；錯誤者，可隨時更正，以求核算正確，這便是連環賬法的奧妙所在。『至總結時，或半年一總結，或一年一總結，以買棉之價及局用之費，與售布之價比較，多者爲盈，少者爲虧。其盈虧之數又必與我欠人者及人欠我者對除外所餘之數相符，則毫無錯誤。』這種賬目處理的連環性，影響盈虧計算的連環性。若不按複式賬法處理賬目，便不能達到勾連環結，故連環賬法之奧妙在於複式記賬也。

在《連環帳譜》的凡例中，作者始終考慮到變洋法爲中法的問題，對於西式簿記之優越處，盡可能加以吸收；而對於中式簿記傳統做法中的優越處，又盡可能地加以保留，用此法則設置賬譜，以適合東方人之習慣。這是東方人最初引進西式複式簿記時尤其注意的一個問題。如賬頁之設計，作者保留了中國人習慣運用的『垂直型賬頁』，並沿用了中國傳統的稱號上收下付和上該下存。作者的用意是把收、付，該、存與借方、貸方統一起來，將借方確定爲收與該，列於垂直型賬頁之上方，而將貸方確定爲付與存，列於垂直型賬頁之下方，這樣，在記賬符號的運用上，使中西一致起來，從而解決了賬譜設計中的一個重要問題。《連環帳譜》曰：『凡收貨、收銀之人，曰某人該貨款、該銀款；凡付貨、付銀之人，曰某人存貨款、存銀款。故我買某號之貨，曰貨款該某號；我賣貨與某號，曰貨款存某號。』這種處理法則較好地將中西各自習用之法統一起來。其中關鍵在於變單式記録爲複式記録。單式記録者，無連環之結果；而複式記録者，必循連環之法則，這是把複式記賬稱爲連環賬的基本道理。

五、對《連環帳譜》之評價

蔡錫勇所著之《連環帳譜》，既是我國出版的第一部介紹西式複式簿記的專著，也是第一次立足於中西賬法相結合，以達到改良中式會計目的之創舉。它是西式複式賬法引進的先導，是後來中式簿記改良的先聲，它對於推動我國近代會計的發展是具有重要意義的。然而，《連環帳譜》一書也明顯地存在着不足之處。一則，作者所介紹的賬法，主要立足於十五世紀末帕喬利所介紹的意大利早期運用的複式簿記，其賬法尚停留於平衡試算表的編制階段，而這種賬法在歐美各主要國家的進一步發展，本書却未作進一步的介紹，這就使得《連環帳譜》一書所述内容有一定的局限性；二則，作者在設例具體介紹中，過於遷就中式會計的傳統做法，甚至把一些比較落後的東西保留下來，如舊式的賬簿格式，繁雜的中式數碼，以及比較繁瑣的書寫方法等等，這樣便使該書對先進簿記方法的介紹也具有相當大的局限性。《連環帳譜》一書所存在的這兩個主要問題，是它所介紹的簿記方法當時還不能被工商業界所瞭解、所接受的重要原因之一。换言之，由於作者對中式簿記改良的不徹底，使得《連環帳譜》一書所産生的影響，僅僅局限於會計學界，而對實業界幾乎未發生直接的影響。

二〇〇九年十二月

龍溪蔡錫勇著 男琦璋校字

連環帳譜

板藏湖北官書局

連環帳譜

桂山題

上篇

光緒三十一年
歲在乙巳冬
日刊於武昌

連環帳譜序

自泰西之輪檝旁午於中區彌宙萬物之器與名逾新而逾夥五千年來所豳見識時務者類憣校成積而放效之今南皮宮保張公命世重臣迴斡時變經緯萬有創制先天下而總心竱力毗贊以濆於成則惟觀察龍溪蔡公之屬任以剸公少以智略聞異時游歐洲與士大夫捧手推襟下至巧工竘匠一藝之長皆與切劘而闡其奧洎涖仕湖北會張公草創時政倚之若左右手公因是發攄所欲爲千品萬方樹立表表嘗以其餘力取海國書譯以華言今距公巽舍久矣嗣

君子英太守出公所爲連環帳譜謀棊行之以公諸世屬序
於績凝蓋公伾義國酌其準矱之所同而譯之而又務出己
意旁諏博覽掇新法之明備以善者綴而成之其大要則具
太守之後述勿備論獨念績凝隱身下秩曾以筆札見知辱
公遇以賓友之禮不以輩寮屬追維疇曩漸冉九載平生肝
血之誠覬藉手立絲髮以稱款脅已矣哉俯仰天地四顧無
人序是卷不自知横涕之涙涙也烏虖公所興構爛然江漢
間後之言西學者丕爲物祖而利賴焉是書於公末也非區
區託此以傳抑績凝蕞陋又庸能託以重邪聊志今昔之感

云光緒乙巳十二月平江吳績凝謹敘

連環帳凡例

一須辨明該存收付兩款　凡收貨收銀之人曰某人該貨款該銀款凡付貨付銀之人曰某人存貨款存銀款故我買某號之貨曰貨款該某號我賣貨與某號曰貨款存某號

一須立買貨簿一本比如買棉則載明某號某等棉花幾包每包若干觔每百觔價若干加行用挑力若干或扣行用若干照來單逐一列明或將原單粘於貨單簿內編一號數亦可統言之爲一單入帳時則言某日買某號棉花一單最爲簡便

一須立賣貨簿一本比如賣紗布則載明某號某等若干疋
用意同買貨簿
一須立銀款簿一本專記現銀出入收者居上付者居下每
月結帳一次結存之數須與所存現銀相符方無錯悮
一須立錢款雜用簿一本凡零星購買什項物件均在雜用
簿內支付至月底統算共付若干串折合銀若干兩歸為
一條照入銀總以歸便易
一須立匯票簿一本凡匯銀與我者一收匯單即照式登記
匯票簿內俟到期收銀再入銀款簿

一須立期票簿一本凡我出票與人訂明何年月日付銀者卽照式登記期票簿內以便隨時檢閱預籌歸還俟還銀後再入銀款簿下有數表可備選用

一須立貨款簿一本買貨賣貨簿記其詳卽所謂流水簿也貨款簿則只記其畧只須載明某年月日買賣某號某貨一單不必再詳貨之觔重多寡名色以歸簡易凡未入銀款簿者皆須備載於此勿得遺漏

一立彙清簿一本將銀款貨款票款三簿彙記於此須分明某項該某項如銀款該貨款之類專言該而不言存者緣

有該卽有存如銀款該甲號卽甲號存銀款也反觀卽是
無待贅述彙清之後款目明晰以之登記總帳可無錯悮
一立總帳一本照彙清登記而添入存者一項如各號該銀
款卽銀款存各號也一總一分須細玩用意之簡妙處帳
法之善無逾於此者
一連環帳法創自義大利國歐美兩洲經商者無不效之其
妙處在一收該一付存凡貨物出入經我手者必有來歷去處
我該收卽彼存付彼該收卽我存付無彼我之可指者如買物則物
該銀款銀款存某物所謂連環也結帳時所該必與所存

相符如有不符卽是錯悮亟須查明更正至總結時（或半年一總結或一年一總結）以買棉之價及局用之費與售布之價比較多者爲盈少者爲虧其盈虧之數又必與我欠人者及人欠我者對除外所餘之數相符則毫無錯悮照所設帳譜依法登記朗若列眉細玩之當能悟其妙用

設題六十則

卷一

設題六十則

按本廠創自李姓因前月杪結帳尚存貨値銀〤〡千元存現銀〢〦千元又存丁號〢〨〇千元存甲號〡〤〇千元除該乙號佰元丙號〢〨百元兩抵尚存新資本銀〣〣〣千元其友陳姓始以資本仟元入股故改名陳李號

二月初二日丁號來買貨　銀〡〤〇百元　無現買現賣字樣皆是掛帳餘倣此

又甲號付來　銀〥〡〇千元

又甲號交來第一號滙票　千元期限三十日年息六釐

初六日買戊號車廠一間價銀九百元又器具什項値銀佰元現付銀佰元

餘欵先給一號期票一張限期三十日無息

初七日到上海與已號買貨〢〥秖盤費〥〤抗儎腳〤〨抗卽與已號第二號期

票銀〢〥玩限期三個月六釐息三十日後乃起息餘欵及費用儎腳俱現

銀付訖

十一日庚號來買貨〣〤玩現付〢〤酛

十三日買地號木料〣〥玩爲車廠用現付〢〥酛

十五日租壬號麪坊五年該坊值銀仁阮以十分之一爲年租現付三個月

租銀又付坊內器具價值〢〣酛

十六日癸號來買貨〢〥酛

二十日買子號麥一千八百六十斗每斗仁元爲麪坊用給第三號期票一

張限期十日計銀〣千元

廿二日賣與庚號車八輛每輛〤〨元又大車一輛價〡〢〇元

廿四日李股東取車一輛值〤〨元

又陳股東取車一輛值〩〡元

廿七日買丑號貨〢〇〇元付丑號麪粉三百桶每桶六元餘欵以車抵數每輛佰元

廿九日買寅號紅麥九百零一斗又四十九分斗之一每斗〤〣毛

又白麥六百五十斗每斗〡〇〢元爲麪坊用此欵以貨抵還

三月初一日卯號取本號給子號第三號之期票來取銀卯號取車二十輛每輛〦〨元餘欵取大車每輛〦〡元

初二日甲號付來第一號匯票銀及利息

初六日付第一號期票銀與戊號戊號取麵一百三十桶每桶坑餘欵取麥

糠每噸十元

初七日天號來買麵粉二百桶每桶六元又車八輛每輛乚8坑

初九日乙號來買車十二輛每輛土8坑麵粉八十五桶每桶六元又麥糠二

十噸每噸十五元

初十日現買麥二千七百斗每斗一元又木桶一千九百個每個廿毛俱麵

坊用

又付車廠工匠辛工一月卅元

又現買木料〡〥玩爲車廠用
十二日丙號來買麪粉二百五十桶每桶六元又車五輛每輛〤〥抏
十四日賣與午號貨〡〤玩又車三輛每輛〤〥抏午號來第二號匯票一張抵
原數 限期三十日七釐息
十六日賣與癸號車一輛廾元又麪二十桶每桶〤〥元又粉十桶每桶六元
十九日買癸號木料〣〥阮車廠用
又買丙號鐵料〣〥阮車廠用
二十日到上海買貨〤〤玩費用〡〤抏戲腳〢抏俱現銀付
廿二日李股東取車一輛〤〥抏

又發司事薪水〦〥抗又發費用卅元

廿四日陳股東取麪粉〡〥抗又取貨〦〇〡抗

廿六日賣與辰號麥粉五百六十桶每桶坃收辰號第三號匯票抵原數限

六十日七釐息

又賣與庚號麪粉二十五桶每桶六元又貨〢〥硛

廿七日買地號木料〡三〇硛又託庚號修車八輛每輛〡〤抗

又託癸號修車十輛每輛〡二抗

廿九日丁號來第四號匯票以清上所欠各帳此票五月初一滿期六釐息

二月初一日起

三十日甲號來買麪粉二十五桶每桶六元又麥糠二噸每噸十元

四月

初三日丁號取本號給地號之銀條來收銀付丁號銀〡一〨〇元又付車〢一〨〇元

初五日乙號交來地號銀條一張〡二〨〇元又來麥三百二十五斗每斗九毛五

仙又來第五號匯票以清前帳限三十日無利

初六日賣與甲號貨值銀〢〨〇元

初九日賣與天號車八輛每輛〤〨〇元又麪粉一百六十桶每桶六元又貨

〢〤〨〇元

十二日與天號買申號所發之第六號匯票〣千元此票二月初一日起息每年六釐五月廿一滿期

讓天號兩月零十日之利息天號又來木料〢〤〤〇元

十四日午號發來第二號匯票銀及利息

十六日買酉號貨〢〤〇〇千元盤費〢〤〥十元儎脚〢三十元給酉號第四號期票〢〤〇〇千元限期

六十日無息餘欵及費用儎脚俱現銀付

二十日賣與丁號貨〦〢〤〥千元又車八輛每輛〦〥百元又麪六十桶每桶六元

廿三日甲號來買車一輛價〦〥百元麪粉二十桶每桶〦〥元甲號來銀帋一張

〢〤〇千元

廿六日丁號來銀佰元又來麥八百桶每桶〦〥元

五月初一日丁號發來第四號匯票銀及利息

初三日甲號來買貨〤〥〇〥千元

又天號來買貨〤〢玩又麵粉二十桶每桶〡〤元

初五日乙號發第五號匯票銀無利息

初七日付第二號期票銀并利息交還巳號

初八日地號來木料〤〨砙又來陳股東之條〡〢〨砙付地號銀〦〨抏

初十日癸號來麥六百零三斗每斗一元又來李股東之條〡〤〇砙付癸號銀

〤〨砙癸號取車二十四輛每輛廿元

十二日丁號倒閉欠款以六成由甲號代還 以甲號担保也

十五日給麵坊三個月租銀 照前次算

十八日丙號來買貨〦〨〇砙又買麵粉二十五桶 每桶六元

廿一日申號發第六號匯票銀及利息并分利息與天號

廿三日將麵坊現賣與張姓計價〡〤〇千元張姓又現買大車一輛〡〤〇百元又小車

一輛〤〨十元

廿六日辰號發第三號匯票銀及利息

廿八日與車廠清帳發出工錢及物料共〡〣〢千元又發麵坊工及物料銀〡〤〨千元

廿九日買亥號貨〢〡千元盤費儎脚保險共〤〤〢千元付第五號期票〢〇〇千元限三十

日與亥號餘欵及用費俱現銀付

三十日往趁賽會得賞車麵銀廿元來往費用付〤〤〤十元

三十日結帳尚存貨值銀〢〥〤千元又庫厰尚存貨值佰元

流水簿

卷二

流水簿

二月初一日收上月結存貨 銀〡〤〡千元

又收上月結存 銀〢〸〢千元

又結存丁號 銀〢〥〇千元

又結存甲號 銀〡〦〇千元

又結該乙號 銀〥百元

又結該丙號 銀〢〥百元

又收陳股東資本 銀〥千元

初二日付丁號貨 銀〡〤〇百元

又收甲號銀　銀〤〇〇千元

又收甲號一號匯票限期卄日年息六釐銀仟元

初六日買戊號車廠并器具銀〡〣〇〇千元

又付戊號銀　銀〥百元

又付戊號期票　銀〣百元

初七日買己號貨　銀〢二〥〇千元

又付己號銀　銀〥百元

又付己號二號期票六箇月止限期二个月二十日後起息　銀〢二〥〇千元

又付盤費〣〤十元　車脚〤〥〡十元　銀三〢〥十元

十一日賣與庚號貨　銀〦〨〤千元

又收庚號銀　銀〣〨百元

十三日買地號木料（車廠用）　銀〦〤〤千元

又付地號銀　銀〡〤〤百元

十五日租壬號麵坊（付三个月租）　銀〣百元

又付坊內器具　銀〡〤〤百元

十六日賣與癸號貨　銀〡〨〤百元

二十日買子號麥（〦〡千斗每〢元麵坊用）　銀〡〢〢千元

又付子號三號期票（限期十日）　銀〡〢〢千元

廿二日賣與庚號車（大輛〡〢百元 小車輛〤〨十元）銀〤〣〇百元

廿四日付李股東車 銀〤〨十元

又付陳股東車 銀〡十元

廿七日買丑號貨 銀〡〣〇〇千元

又付丑號麪〣百桶（每〡十元）銀〡〣〇〇千元

又付丑號車五輛（每〢百）銀〡千元

廿九日買寅號（紅麥〤〡百斗每〢毫 〢〤十九分斗之一 白麥〡〤〇百斗每〡〢元）銀〡〤〡千元

又付寅號貨 銀〡〤〡千元

三月初一日收卯號交回子號三號期票銀〡〢〢千元

又付卯號車 大一輛〡〡元 小廿輛每〦〥元 銀卌千元

初二日收甲號一號滙票銀利共 銀〡〇〇〨千元

初六日收回戊號一號期票 銀三百元

又付戊號 麪粉〡〢〇磅每〤元 麥麩二噸每〤元 銀三百元

初七日賣與天號麪粉〢百桶 每〤元 銀〡〢〇〇元

又賣與天號車八輛 每〡〨元 銀〨〢〇百元

初九日賣與乙號車十二輛 每〢〨元 銀〤百元

又賣與乙號 麪粉〢〨〡桶每〤元 麥麩廿噸每〡〨元 銀三〡〇百元

初十日付買 麥〡〢〇〇斤每〤元 木桶〡〩〇〇個每〡〡毛 銀〢〤千元

又付車廠工匠薪工　銀〥〸元

又付買木料　銀〦〢〇千元

十二日賣與丙號麥粉〣〥佰桶 每〦元　銀〦〥〇〇千元

又車五輛 每〦〥元　銀〢〥百元

十四日賣與午號貨　銀〡〤〇〇千元

又車三輛 每〦〥元　銀〦〥百元

又收午號二號滙票（限期卅天 利息六釐）　銀〣〥〥千元

十六日賣與癸號車一輛　銀〹元

又麵粉（一號〹桶每〥元 二號十桶每〥元）　銀〡〩〇百元

十九日買癸號木料　銀〢〤〥百元

又買丙號鐵料車廠用　銀〣〢〥百元

二十日付現貨貨　銀〡〤〤千元

又付費用〡〤十元 傚脚〡〣十元　銀〥〡十元

廿二日付李股東車一輛　銀〡〥〡十元

又發薪水〦〥十元 費用卅元　銀〡〇〥百元

廿四日付陳股東麵　銀〡〥〡十元

又貨　銀〦〇〦十元

廿六日賣與辰號麵〥〡百桶每〦元　銀〣〢〡〇千元

又收辰號三號滙票 限期六十日 年息七釐	銀〣〦〇千元	
又買與庚號麵〡〥十桶 每[illegible]元	銀〡〥〇百元	
又貨	銀〢〥百元	
廿七日買地號木料 車廠用	銀〢〣〇百元	
又託庚號修車八輛 每[illegible]元	銀〤〢百元	
又託癸號修車十輛 每[illegible]元	銀〡〢〇百元	
廿九日收丁號四號滙票 二月初一起息 五月初一滿期 年息六釐	銀〢〩〇千元	
三十日賣與甲號 麵〡〥桶每[illegible]元 麥糠二噸每[illegible]元	銀〡〢〇百元	
四月 初二日收丁號來地號銀條	銀〡〦〥千元	

又付丁號銀 銀〦〥百元

又付丁號車 銀〡〦〥百元

初五日收乙號來地號銀條 銀〢〥百元

又來乙號麥〣〥百料每石 銀〣〣〥百元

又來乙號滙票限期卅日無利 銀〤〣〥百元

初六日賣與甲號貨 銀〢〥〇〇千元

初九日賣與天號車八輛每〦元 銀〩〡〇百元

又麵粉〡〡〇百桶每元 銀〧〤〇百元

又貨 銀〢〤〥百元

十二日收天號來甲號六號滙票（限期二百十天五月廿二滿年息六釐 收銀時讓天號兩月零十日利息）	銀〣千元
又來天號木料車廠用	銀〡〥〤〦百元
十四日收午號滙票銀	銀〡〥〤〥千元
又利息銀	銀〡〥〡〥十元
十六日買酉號貨	銀〢〤〇〇千元
又付酉號期票（限期六十日無息）	銀〢〥〇〇千元
又付酉號銀	銀〤百元
又付（滋豐號〢〥元 儀脚〢〦元）	銀〥〦十元
二十日賣與丁號貨	銀〡〢〥〥千元

又車八輛 每〡〇〥百元 銀〨〤〇百元

又麪丨十桶 每〡十元 銀〣〡〇百元

廿三日賣與甲號車一輛 銀〡〢〥百元

又麪廿桶 每〦〥元 銀〡〣〇百元

又收甲號銀帋 銀〢〥〇〇千元

廿六日收丁號銀 銀〥百元

又收丁號麥粕桶 每〡〇〥元 銀〨〤〇百元

五月初一日收丁號四號滙票銀 銀〢〩〇千元

又利息銀 銀〤〢〥十元

初三日賣與甲號貨　銀〤〥〤千元

又賣與天號貨　銀〤〡〢千元

又賣與天號麪廿桶每〤元　銀〡〣百元

初五日收乙號五號滙票銀　銀〣〣〥百元

初七日付第一號期票銀　銀〢〥〇千元

又利息銀　銀〢〥〡十元

初八日來地號木料車廠用　銀〤〥〢百元

又收地號來陳股東銀條　銀〡〥〢百元

又付地號銀　銀〦〥〡十元

初十日來癸號麥〡〇〣百斗 每〡元　銀〡〇〣百元

又收癸號來李殷東銀條　銀〡〤〩百元

又付癸號銀　銀〦〤〨百元

又付癸號車廿四輛 每〦元　銀〤〤〩十元

十二日丁號倒閉甲號認還六成欠款 以甲担保也　銀〣〤〩十元

十五日付麪坊三个月租銀　銀〣百元

十八日賣與丙號貨　銀〦〨〇百元

又麪二十五桶　銀〡〨百元

廿一日收甲號滙票銀　銀〣十元

又利息銀	銀〥〥十元
又應付天號利息	銀〣〥十元
廿三日收賣麵坊銀	銀〢〨〇千元
又收賣 大車一輛〡〦百元 小車一輛〤〥十元	銀〡〦〥百元
廿六日收晨號三號滙票銀	銀〣〧〡〇千元
又利息銀	銀〢〩〢十元
廿八日結車廠帳發出 工錢 物料	銀〡〇〣〨千元
又發麵坊工錢物料	銀〡〇〣〥千元
廿九日買亥號貨	銀〦〢千元

又付亥號銀 銀〡〇〢千元

又付亥號五號期票(限期卅日無息)銀 〡〢〇〇千元

又付盤費(保險儀郵)銀 銀〢〤〣十元

三十日收賽會賞(車麵)銀 銀〥十元

又付賽會用費銀 銀〤〥〥十元

結帳尚存貨值 銀〢〤〡〨〡千元

尚存車值 銀〤百元

彙清簿

卷三

彙清簿

二月初一日

貨款該資本　銀〡〤〧〡千元

銀款該資本　銀〢〧〢千元

丁號該資本　銀〢〦〥〇千元

甲號該資本　銀〡〦〦〇千元

資本該乙號　銀〥〇〇百元

資本該丙號　銀〦〡〥百元

銀款該資本　銀〥〇〇〇千元

初二日

丁號該貸款　銀〡〤〇百元

銀款該甲號　銀〡〇〦〇千元

滙票該甲號　銀〡〇〇〇千元

初六日

車廠該銀款　銀〩〇〇百元

車廠該期票　銀〨〇〇百元

初七日

貸款該期票　銀〢〦〩千元

貨款該銀款	銀〥〇〇百元
零用該銀款	銀三〢〨十元
十一日	
庚號該貨款	銀〡三〦千元
銀款該庚號	銀〣二〦百元
十三日	
車廠該地號	銀〢二〥千元
地號該銀款	銀〢二〥百元
十五日	

麵坊該銀款		銀〦〦〡百元
	十六日	
癸號該貨款		銀〢三〇〦百元
	二十日	
麵坊該期票		銀〢二〣二千元
	念二日	
庚號該車廠		銀〤三〇百元
	念四日	
李股東該車廠		銀〤〦十元

陳股東該車廠		銀〥〇十元
念七日		
貨款該麵坊		銀〡〢〇〇千元
貨款該車廠		銀〡〇〇〇千元
念九日		
麵坊該貨款		銀〡〥〤〡千元
三月初一日		
期票該車廠		銀〢〢〣千元
初二日		

銀款該滙票		銀〡〇〇〇千元
銀款該利息		銀五元
	初六日	
期票該麵坊		銀〨〇〇百元
	初七日	
天號該麵坊		銀〡〢〇〇千元
天號該車廠		銀〥〇百元
	初九日	
乙號該車廠		銀〩〇〇百元

乙號該麵坊　銀〣〡〇百元

初十日

麵坊該銀款　銀〣〤千元

車廠該銀款　銀〦〡〇千元

十二日

丙號該麵坊　銀〡〥〇〇千元

丙號該車廠　銀〣〥〩百元

十四日

滙票該貨款　銀〤〇〇千元

滙票該車廠　銀〡〤〥百元

十六日

癸號該車廠　銀〦〇十元

癸號該麵坊　銀〡〩〇百元

十九日

車廠該癸號　銀〡〦〥百元

車廠該丙號　銀〣〦〥百元

二十日

貨款該銀款　銀〡〩〤〤千元

零用該銀款　　銀〥〡十元

念二日

李股該車廠　　銀〦〥十元

零用該銀款　　銀〡〇〥百元

念四日

陳股東該麵坊　　銀〦〥十元

陳股東該貨款　　銀〨〇〧十元

念六日

滙票該麵坊　　銀〢〡〇千元

庚號該麵坊　銀〡〨〇百元

庚號該貨款　銀〡二〨百元

念七日

車廠該地號　銀〡三〇百元

車廠該庚號　銀〡〨二百元

車廠該癸號　銀〡二〇百元

念七日

滙票該丁號　銀〡二〤〇千元

三十日

甲號該麵坊　銀〡〢〇百元

四月初三日

地號該丁號　銀〡〢〨千元

丁號該銀款　銀〡〢〨百元

丁號該車廠　銀〢〢〨百元

初五日

地號該乙號　銀〡〢〨百元

麵坊該乙號　銀〣〇〣〨百元

滙票該乙號　銀〤〤〢〨百元

初六日

甲號該貨款　銀〢〥〇〇千元

初九日

天號該車廠　銀〥〢〇百元

天號該麵坊　銀〩〡〇百元

天號該貨款　銀〢〦〧〥百元

十二日

滙票該天號　銀〣〇〇〇千元

車廠該天號　銀〢〥〤〦百元

十四日

銀款該滙票　銀〢〥〤〥千元

銀款該利息　銀〡〥〡〥十元

十六日

貨款該期票　銀〢〥〇〇千元

貨款該銀款　銀〩〇〇百元

零用該銀款　銀〥三十元

二十日

丁號該貨款　銀〡一〢〥〥千元

丁號該車廠　銀三〤〇百元

丁號該麵坊　銀〣〦〇百元

念三日

甲號該車廠　銀〡二〥百元

甲號該麵坊　銀〡三〇百元

銀款該甲號　銀〢〥〇〇千元

念六日

銀款該丁號　銀〥〇〇百元

麵坊該丁號　銀三〤〇百元

五月初一日

銀款該滙票　　銀〢〨〩〇千元

銀款該利息　　銀〤〧〥十元

初三日

甲號該貨款　　銀〡〦〤〥千元

天號該貨款　　銀〡〤〢〦千元

天號該麵坊　　銀〡〢〣百元

初五日

銀款該滙票　　銀〨〨〢〩百元

初七日

期票該銀款　銀〢二〥〇千元

利息該銀款　銀〢二〥十元

初八日

車廠該地號　銀〤〧〥百元

陳股東該地號　銀〡二〥百元

地號該銀款　銀〧〥十元

初十日

麵坊該癸號　銀〦〇〣百元

李股東該癸號　銀〡〤〥百元

癸號該銀款　銀〧〤〤百元

癸號該車廠　銀〡〤〤〇千元

十二日

甲號該丁號　銀〢〡〣十元

盈虧該丁號　銀〡〤〢十元

十五日

麵坊該銀款　銀〣〇〇百元

十八日

丙號該貨款　銀〦〨〇百元

丙號該麵坊　銀〡〨〇百元

念一日

銀款該滙票　銀〣〇〇千元

銀款該利息　銀〨〨十元

利息該天號　銀〣〨十元

念三日

銀款該麵坊　銀〡〦〇千元

銀款該車廠　銀〢二〨百元

念六日		
銀款該滙票	銀〣〦〇千元	
銀款該利息	銀〣〤〢十元	
念八日		
車廠該銀款	銀〡〇〦〣千元	
麵坊該銀款	銀〢〇〣〨千元	
念九日		
貨款該期票	銀〡〇〇千元	
貨款該銀款	銀〡〇二千元	

零用該銀款　銀〢〦〧〢十元

三十日

銀款該盈虧　銀〥〇十元

零用該銀款　銀〤〥〥十元

貨款該盈虧　銀〦〢〤〧〡千元

車廠該盈虧　銀〩〇〇百元

利息該盈虧　銀〩〨〧十元

車廠該盈虧　銀〢〧〥〥千元

麵坊該盈虧　銀〡〥〧〥千元

盈虧該零用　銀〢〧〤〣百元

盈虧該資本　銀〩〣〤〩千元

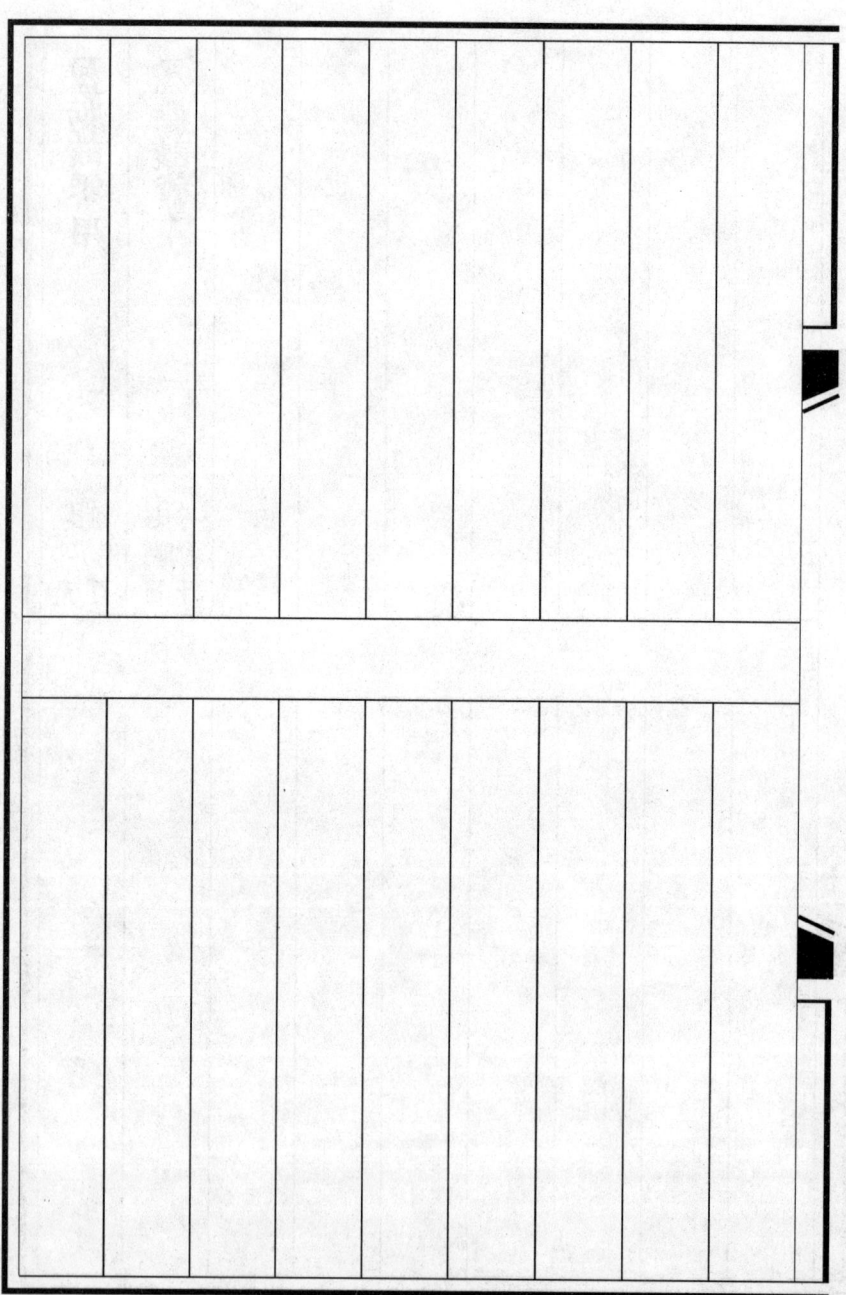

總帳簿

卷四

附總結單

資本

該項

貳月初一日該乙號　銀〥〇〇百元

又　初一日該丙號　銀〦〡〥百元

五月三十日結該較數　銀〨〨〢〥萬元

共該銀〡〤〤〧〥萬元

存項

貳月初一日存銀款　銀〢〧〢千元

又　初一日存貨款　銀〤〧〡千元

又　初一日存丁號　銀〣〦〥〇千元

又　初一日存甲號　銀〢〇〦〇千元

又　初一日存銀款　銀〥〇〇〇千元

五月三十日存盈虧　銀〥〣〤〥千元

共存銀〡〤〤〧〥萬元

貨款

該項	銀	存項	銀
貳月初一日該資本	〤〧〡 千元	貳月初二日存丁號	〡〤〇 百元
初七日該期票	〢二〥〇 千元	十一日存庚號	〡一〨〦 千元
又 初七日該銀款	〥〇〇 百元	十六日存癸號	〢三〇〥 百元
念七日該麵坊	〡三〇〇 千元	念九日存麵坊	〡〥〤〦 千元
又 念七日該車廠	〡〇〇〇 千元	叁月十四日存滙票	〢〤〇〇 千元
叁月二十日該銀款	〡〩〤〤 千元	念四日存陳股東	〧〇〦 十元
四月十六日該銀款	〩〇〇 百元	念六日存庚號	〢二〥 百元
又 十六日該期票	〢〥〇〇 千元	四月初六日存甲號	〢〥〇〇 千元

五月念九日該期票　銀〡二〇〇千元

又　念九日該銀款　銀〡〇〡二千元

三十日該盈虧　銀〡二〡〤〦〢千元

共該銀〡〨〇〡〦〢萬元

初九日存天號　銀〣二〧〧〥百元

二十日存丁號　銀〡一〢〥〥千元

五月初三日存甲號　銀〡一〤〇〧〥千元

又　初三日存天號　銀〤〡二千元

十八日存丙號　銀〧〥〇百元

五月三十日結存貨款　銀〣〥〧〧〥二千元

共存銀〡〨〇〡〦〢萬元

銀款

該項

貳月初一日該資本	銀 〢〧二 千元
又 初一日該資本	銀 〥〇〇〇 千元
初二日該甲號	銀 〡〇〦〇 千元
十一日該庚號	銀 〣二〦 百元
叁月初二日該滙票	銀 〡〇〇〇 千元
又 初二日該利息	銀 五 元
四月十四日該滙票	銀 〢〥〤〥 千元
又 十四日該利息	銀 〡〥〡〥 十元

存項

貳月初六日存車廠	銀 〥〇〇 百元
初七日存貨款	銀 〥〇〇 百元
又 初七日存雜用	銀 三〢〥 十元
十三日存車廠	銀 〢二〥〦 百元
十五日存麵坊	銀 〥〥〦 百元
叁月初十日存麵坊	銀 〢〧〤 千元
又 初十日存車廠	銀 〡三〢〇 千元
二十日存貨款	銀 〢〥〤〤 千元

念三日該甲號　銀〢〥〇〇千元

念六日該丁號　銀〥〇〇百元

五月初一日該滙票　銀〢二〩〇千元

又　初一日該利息　銀〤〡三〥十元

初五日該滙票　銀〧〧〣〥百元

念一日該滙票　銀〣〇〇〇千元

又　念一日該利息　銀〥〥十元

念三日該麵坊　銀〡〦三〇千元

又　念三日該車廠　銀〢二〥百元

又　二十日存雜用　銀〥〡十元

念二日存雜用　銀〡〇〥百元

四月初三日存丁號　銀〡二〥百元

十六日存貨款　銀〩〇〇百元

又　十六日存雜用　銀〥〧十元

五月初七日存期票　銀〢二〥〇千元

又　初七日存利息　銀〢二〥十元

初八日存地號　銀〧〥十元

初十日存癸號　銀〡二〤〥百元

念六日該滙票　銀〢〣〦千元

又　念六日該利息　銀〢〤〢十元

三十日該盈虧　銀〥〇十元

共該銀〢〣〢〤〥萬元

十五日存麵坊　銀〢〇〇百元

念八日存麵坊　銀〢〩〢〥千元

又　念八日存車廠　銀〡〇〣〢〣千元

念九日存貨款　銀〡〇〢千元

又　念九日存雜用　銀〢〩〣〢十元

三十日存雜用　銀〤〥〥十元

五月三十日結存較數　銀〡〇〇〤〣〣萬元

共存銀〢〣〢〤〦萬元

車廠

該項	
貳月初六日該銀款	銀〥〇〇百元
又初六日該期票	銀〧〇〇百元
又十三日該地號	銀〡〧〥〡千元
叁月初十日該銀款	銀〡〣〢〇千元
又十九日該丙號	銀〣〧〥百元
又十九日該癸號	銀〢〦〥百元
又念七日該地號	銀〢〣〇百元
又念七日該庚號	銀〡〥〢百元

存項	
貳月念二日存庚號	銀〤〧〇百元
又念四日存李股東	銀〤〥十元
又念四日存陳股東	銀〥〇十元
又念七日存貨款	銀〡〇〇〇千元
叁月初一日存期票	銀〡〦〣〢千元
又初七日存天號	銀〥〢〇百元
又初九日存乙號	銀〩〇〇百元
又十二日存丙號	銀〣〢〥百元

又念七日該癸號　銀〡〧〇百元

四月十二日該天號　銀〢〥〤〦百元

五月初八日該地號　銀〤〧〥百元

又念八日該銀款　銀〡〇〦〡三千元

又三十日該盈虧　銀〢〧〥〥千元

又十四日存滙票　銀〡〤〥百元

又十六日存癸號　銀〦〇十元

又念二日存李股東　銀〦〥十元

四月初三日存丁號　銀〢〧〥百元

又初九日存天號　銀〥〢〇百元

又二十日存丁號　銀三〤〇百元

又念三日存甲號　銀〡〧〥百元

五月初十日存癸號　銀〡〤〤〇千元

又念三日存銀款　銀〢〧〥百元

五月三十日結存貨値　銀　　　　　元

共存銀〡〇〤〦〢萬元

共該銀〡〇〤〦〢萬元

麵坊

該項

- 貳月十五日該銀款　銀〥〥〦百元
- 又　二十日該期票　銀〢二〣二千元
- 又　念九日該貨款　銀〡〥〤〦千元
- 叁月初十日該銀款　銀〢二三〩千元
- 四月初十日該乙號　銀〣〇三〥百元
- 又　念六日該丁號　銀三〤〇百元
- 五月初十日該癸號　銀〦〇〣百元
- 又　十五日該銀款　銀〣〇〇百元

存項

- 貳月念七日存貨款　銀〡三〇〇千元
- 叁月初六日存期票　銀三〇〇百元
- 又　初七日存天號　銀〡二〇〇千元
- 又　初九日存乙號　銀三〡〇百元
- 又　十二日存丙號　銀〡〥〇〇千元
- 又　十六日存癸號　銀〡〩〇百元
- 又　念四日存陳股東　銀〦〥十元
- 又　念六日存滙票　銀〣二〦千元

又念八日該銀款　銀〢二〇〢二〥千元

又三十日該盈虧　銀〡〨〧〥千元

共該銀〡三〤〨〣萬元

又念六日存庚號　銀〡〨〇百元

又三十日存甲號　銀〡二〇百元

四月初九日存天號　銀〩〦百元

又二十日存丁號　銀〣〦〇百元

又念三日存甲號　銀〡三〇百元

五月初三日存天號　銀〡二〧百元

又十八日存丙號　銀〡〥〇百元

又念三日存銀款　銀〡〧〇千元

共存銀〡三〤〨〣萬元

滙票

該項	**存項**
貳月初二日該甲號　銀〡〇〇〇千元	叁月初二日存銀款　銀〡〇〇〇千元
叁月十四日該貨款　銀〢〤〇〇千元	四月十四日存銀款　銀〢〥〩〥千元
又　十四日該車廠　銀〡〤〥百元	五月初一日存銀款　銀〡〧〩〇〡千元
又　念六日該麵坊　銀〣三〦千元	又　初五日存銀款　銀〨〣〥百元
又　念九日該丁號　銀〡〦〩〇千元	又　念一日存銀款　銀〣〇〇〇千元
四月初五日該乙號　銀〨〢〥百元	又　念六日存銀款　銀〡三〦〇千元
又　十二日該天號　銀〣〇〇〇千元	
共該銀〡三〥〩〢〥萬元	共存銀〡三〥〩〢〥萬元

期票

該項	
叁月初一日該車廠	銀〡一〣二千元
又　初六日該麵坊	銀〨〇〇百元
五月初七日該銀款	銀〢二〥〇千元
五月三十日結該較數	銀〢〦〇〇千元
共該銀〩〣〡千元	

存項	
貳月初六日存車廠	銀〨〇〇百元
又　初七日存貨款	銀〢二〥〇千元
又　二十日存麵坊	銀〡二〣二千元
四月十六日存貨款	銀〢〥〇〇千元
五月念九日存貨款	銀〡〥〇〇千元
共存銀〩〣〡千元	

天號

該項

叁月初七日該麵坊	銀 〡二〇〇 千元
又初七日該車廠	銀 〥〡〇 百元
四月初九日該車廠	銀 〥〡〇 百元
又初九日該麵坊	銀 〩〦〇 百元
又初九日該貨款	銀 〣〧〧〥 百元
五月初三日該貨款	銀 〡〤〡二 千元
又初三日該麵坊	銀 〡〧〨 百元
共該銀 〥〧〧〥 千元	

存項

四月十二日存滙票	銀 〣〇〇〇 千元
又十二日存車廠	銀 〢〩〦 百元
五月念一日存利息	銀 〣〥 十元
五月三十日存較數	銀 〡〧〨〡〥 千元
共存銀 〥〧〧〧〥 千元	

地號

該項

貳月十三日該銀款　銀〢一〥ㄥ　百元

四月初三日該丁號　銀〡二〧〥　千元

又　初五日該乙號　銀〡二〥　百元

五月初八日該銀款　銀〧〥　十元

五月三十日結該較數　銀〩〇〥　百元

共該銀〢〣〇〥ㄥ　千元

存項

貳月十三日存車廠　銀〡〨〥ㄥ　千元

叁月念七日存車廠　銀〢三〇　百元

五月初八日存車廠　銀〤〦〥　百元

又　初八日存陳股東　銀〡二〥　百元

共存銀〢〣〇〥ㄥ　千元

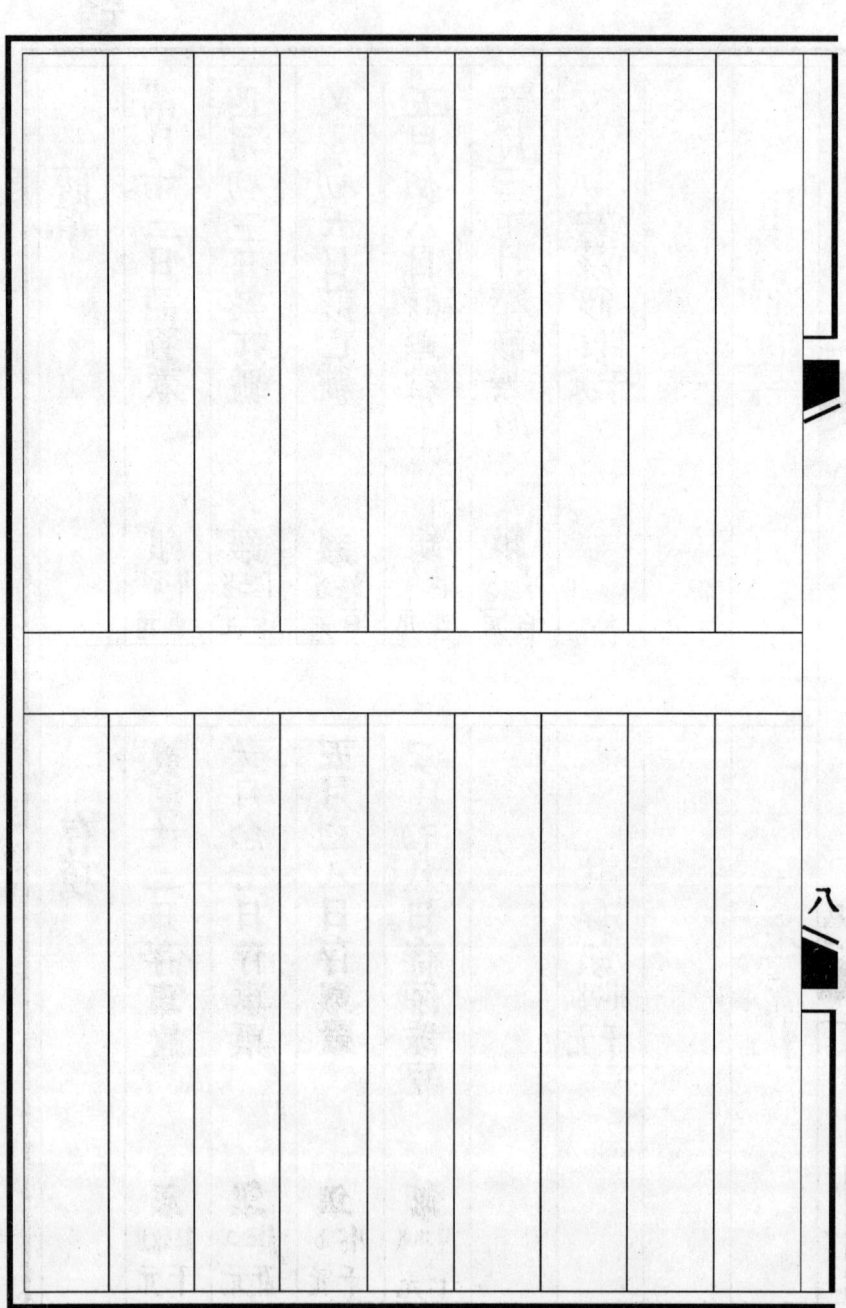

甲號

該項	
貳月初一日該資本	銀〢〇〦〇 千元
叁月三十日該麵坊	銀〡〧〇 百元
四月初六日該貨款	銀〢〥〇〇 千元
又 念三日該車廠	銀〡二〥 百元
又 念三日該麵坊	銀〡三〇 百元
五月初三日該貨款	銀〡〤〇〧〥 千元
又 十二日該丁號	銀〣〦〣 十元
共該銀〤〡〦〨〥 千元	

存項	
貳月初二日存銀款	銀〡〇〦〇 千元
又 初二日存滙票	銀〡〇〇〇 千元
四月念三日存銀款	銀〢〥〇〇 千元
五月三十日結存較數	銀〡〥〇〢〦〥 千元
共存銀〤〢〨〇〥 千元	

乙號

該項

叄月初九日該車厰　銀〩〇〇百元

又　初九日該麵坊　銀〣〡〇百元

共該銀〡〢〡〇千元

存項

貳月初一日存資本　銀〥〇〇百元

四月初五日存地號　銀〡〢〥百元

又　初五日存麵坊　銀[illegible]百元

又　初五日存滙票　銀[illegible]百元

共存銀[illegible]千元

丙號

該項

叁月十二日	該麵坊	銀〡〥〇〇千元
又 十二日	該車廠	銀〢〦〥百元
五月十八日	該貨款	銀〧〥〇百元
又 十八日	該麵坊	銀〡〥〇百元
	共該銀	〡〦〢〥千元

存項

貳月初一日	存資本	銀〦〡〥百元
叁月十九日	存車廠	銀〢〦〧〥百元
五月三十日	結存較數	銀〡〦〡〦〥千元
	共存銀	〡〦〢〥千元

丁號

該項

貳月初一日	該資本	銀〣〦〥〇千元
又初二日	該貨款	銀〡〤〇百元
四月初三日	該銀款	銀〡二〥百元
又初三日	該車廠	銀〢二〥百元
四月二十日	該貨款	銀〡一〢〥〥千元
又二十日	該車廠	銀三〤〇百元
又二十日	該麵坊	銀〣〦〇百元
	共該銀	〥〤〡〡〥〥千元

存項

叁月念九日	存滙票	銀〧〩〇千元
四月初三日	存地號	銀〡二〦〥千元
又念六日	存銀款	銀〥〇〇百元
又念六日	存麵坊	銀三〤〇百元
五月十二日	存甲號	銀〣〦〣十元
又十二日	存盈虧	銀〢〤〢十元
	共存銀	〥〤〡〥〥千元

庚號

該項	
貳月十一日該貨款	銀〡〢〣〦千元
又念二日該車廠	銀〤〣〇百元
叁月念六日該麵坊	銀〡〥〇百元
又念六日該貨款	銀〢〢〥百元
共該銀〢〇〤〡千元	

存項	
貳月十一日存銀款	銀〣〢〦百元
叁月念七日存車廠	銀〡〥〢百元
五月三十日存較數	銀〡〥〦〣千元
共存銀〢〇〤〡千元	

癸號

該項

- 貳月十六日該貨款 銀〢〧〥百元
- 叁月十六日該車廠 銀〦〇十元
- 又　十六日該麵坊 銀〡〩〇百元
- 五月初十日該銀款 銀〡〢〤〥百元
- 又　初十日該車廠 銀〡〤〤〇千元

共該銀〡〇〤〥千元

存項

- 叁月十九日存車廠 銀〢〦〥百元
- 又　念七日存車廠 銀〡〧〇百元
- 五月初十日存麵坊 銀〦〇〣百元
- 又　初十日存李股東 銀〢〤〇百元
- 五月三十日存較數 銀〣〡〧百元

共存銀〡〇〤〥千元

利息

該項

五月初七日該銀款　銀〢〢〥十元

又念一日該天號　銀〣〥十元

又三十日該盈虧　銀〩〨〧十元

共該銀〡〥〦〡百元

存項

叁月初二日存銀款　銀五元

四月十四日存銀款　銀〡〥〡〥十元

五月初一日存銀款　銀〤〣〥十元

又念一日存銀款　銀〥〥十元

又念六日存銀款　銀〣〤〢十元

共存銀〡〥〦〡百元

零用

該項		
貳月初七 銀款	銀〧〢〥十元	
叁月二十日該銀款	銀〥〡十元	
又念二日該銀款	銀〤〇〥百元	
四月十六日該銀款	銀〥〨十元	
五月念九日該銀款	銀〢〦〣十元	
又三十日該銀款	銀〤〥〥十元	
共該銀〢〦〤〣百元		
存項		
五月三十日存盈虧	銀〢〦〤〣百元	
共存銀〢〦〤〣百元		

盈虧

該項

五月十二日該丁號 銀〡〤〢十元

又 三十日該零用 銀〢〦〤〢百元

又 三十日該資本 銀〨〣〇〤〥千元

共該銀〥〦〇〢〡〢千元

存項

五月三十日存銀款 銀〨〇十元

又 三十日存貨款 銀〡二〤〣〢千元

又 三十日存利息 銀〩三〦十元

又 三十日存車廠 銀〢〦〨〨千元

又 三十日存麵坊 銀〡〨〧〨千元

共存銀〥〦〇〢〡〢千元

陳東

該項

貳月念四日該車廠　銀〦〇十元

叁月念四日該麵坊　銀〥〨十元

又　念四日該貨款　銀〢〇〥十元

五月初八日該地號　銀〡〢〨百元

共該銀〣〡〇〥百元

存項

五月三十日結存較數　銀〣〡〇〥百元

共存銀〣〡〇〥百元

李東

該項

貳月念四日該車廠　銀〤〥十元

叁月念二日該車廠　銀〦〥十元

五月初十日該癸號　銀〢〤〇百元

共該銀〣〥〇百元

存項

五月三十日結存較數　銀〣〥〢百元

共存銀〣〥〇百元

總結

該款項下

一該資本　銀〧〧〢〥万元

一該地號　銀〩〇〥百元

一該期票　銀〣〧〇〇千元

存款項下

一存貨款　銀〢〥〨〥〢千元

一存銀款　銀〡〇〇〤〦〦〧万元

一存甲號　銀〧〇〢〇〥千元

一存丙號　銀〧〢〧〥千元

一存庚號　銀〡〥〦〣千元

一存癸號　銀〣〧百元

一存天號　銀〧〧〧〥千元

一存車厰　銀〩〇〇百元

一存陳東　銀〣〇〦百元

一存李東　銀〣〥〇百元

共該銀〡〧〧〧〥万元

共存銀〡〧〧〧〥万元

期滙票表

卷五

匯票

號數	何日收	入帳	出票人	向誰收	發票期	期限	何日到期	共數	何日收用	作何用
第壹號	二月初二	甲號	甲號	甲號	二月初二	三十天	三月初二	一千元	三月初二	入銀款
第貳號	三月十四	午號	午號	午號	三月十四	三十天	四月十四	〢〤〤〥千元	四月十四	入銀款
第叄號	三月廿六	辰號	辰號	辰號	三月廿六	六十天	五月廿六	三〢〦〇千元	五月廿六	入銀款
第肆號	三月廿九	丁號	丁號	丁號	二月初一	三個月	五月初一	二〦〤〇千元	五月初一	入銀款
第伍號	四月初五	乙號	乙號	乙號	四月初五	三十日	五月初五	〦〦〡〢〥百元仙	五月初五	入銀款
第陸號	四月十二	天號	申號	申號	二月初一	百廿日	五月廿一	〣千元	五月廿一	入銀款
										入銀款

期票

號數	照票日期	出賬	交何人	發票日期	期限	屆限	共數	何日付		付何人
第壹號	二月初六	戊號	戊號	二月初六	三十天	三月初六	八百元	三月初六		付戊號
第貳號	二月初七	巳號	巳號	二月初七	三個月	五月初七	〢二〨〇千元	五月初七	三千見後還	付巳號
第叁號	二月二十	子號	子號	二月二十	十天	二月三十	二〢〣千元	三月初一		付卯號
第肆號	四月十六	酉號	酉號	四月十六	六十天	六月十六	〢〨〇〇千元			
第伍號	五月廿九	亥號	亥號	五月廿九	三十天	六月廿九	〡二〇〇千元			

連環帳譜

君匋題

下篇

流水簿

卷一

買賣貨款

正月初三日買辛號棉花一單　該銀〡二两

初八日買丁號棉花一單　該銀〡〥〡两

十三日買丙號棉花一單　該銀〥三两

十四日買丁號棉花一單　該銀〡〥两

又　賣戊號布一單　存銀〦〡两

二十日買庚號棉花一單　該銀〡二〢两

三月初三日賣乙號斜紋一單　存銀〡千两

初五日賣巳號紗一單　存銀三〡两

初十日現買漢口通州花一單　付銀款　該銀〤〤两

十八日現賣布五十疋銀欵收　存銀佰男

二十日賣甲號紗布一單　存銀紅朋

廿六日賣戊號紗布一單　存銀以朋

又丁號棉花失重九百觔扣價　存銀对男

又丁號棉花潮濕罰扣　存銀丨一朋

廿七日現賣十號紗二十包銀欵收　存銀三百男

三月初三日買壬號機油什項一單　該銀〡仟兩
初五日乙號買布扣價　該銀十兩
初七日賣乙號脚花一單　存銀〡〣錢
初十日賣乙號紗布一單　存銀〡〤錢
十六日賣巳號紗布一單　存銀〡〥錢
十九日買外洋機件一單　該銀〦仟兩
二十日甲號購紗扣價　該銀〡佰兩
又賣甲號紗布一單　存銀〡〥錢
廿一日賣巳號紗布一單　存銀〧〣錢

廿八日交丁號第四號滙單一紙抵棉貨 存銀〤仟両

又寄福和輪船交上海癸號代售紗布單 存銀〥〣両

三十日員司賒布挂借統算 存銀〡〢両

又買子號油紙蔴繩一單 該銀佰両

又員司洋匠三個月應付薪水 該銀〡〨両

又結帳之日估存紗布機油什項 存銀〡〥〡両

銀錢簿

卷二

銀款

該項	
正月初一日該資本	銀切两
廿六日該百川通	銀〤千两
共銀〡〤萬	

存項	
正月初一日存百川通	銀丸萬
十三日存丙字號	銀听两
廿六日存桌椅器具一單	銀仙萬
三十日存工匠藝徒工食	銀仟两
又存雜用錢款	銀佰两
結存	銀卜一萬
共銀〡〤萬	

二月初一日該上月結存　銀〡一两
初十日該百川通　銀〤千两
十四日該百川通　銀〤千两
十八日該售布　銀〡百两
二十日該甲字號　銀〣千两
廿六日該第一號滙票（戊字號交來）　銀〢两
又　該百川通　銀〥千两
廿七日該售紗　銀〦百两
共銀〣两

二月初十日存購棉花　銀〤〤两
十四日存丙字號　銀〢〦两
十七日存買司洋匠薪水　銀〡千两
二十日存百川通　銀〣千两
廿六日存丁字號　銀〡〤两
廿九日存工匠藝徒工食　銀〡〢两
又　付雜用錢款　銀〤百两
結　存　銀〥百两
共銀〣两

該項	
三月初一日該上月結存	銀姢両
初五日該乙字號	銀仟両
十四日該百川通	銀纤両
二十日該甲字號	銀〢〨拐
又　該甲字號	銀〡〤拐
又　該第二號滙票	銀〢〤拐
又　該第五號滙票	銀〤〡拐
三十日該百川通	銀〢〨朋

存項	
三月十四日存第一號期票 交恆號	銀纤両
二十日存百川通	銀〣仟両
廿一日存失去銀票一紙 出原府帳	銀〨十両
廿四日存滙票三張扣現貼利息	銀〡十両
廿五日存貝司洋匠薪水	銀仟両
廿七日存第二號期票 交恆號	銀〢〣拐
三十日存寄貨往上海水脚關稅	銀〨〨朋
又　存工匠藝徒工食	銀〡〨拐

又該利息百川通存款　銀𡊄两

共銀炓两

又　存雜用錢款　銀㳅两

結　存　銀𡊸两

共銀炓两

錢款雜用簿

正月

付員司伙食　錢〢〤百

付員司燈油　錢〸千

付茶葉　錢〡千

付煙　錢〡千

付紙張　錢〣千

付筆　錢〢千

付墨　錢〢千

付剝船來往　錢〡千

付電報費　錢〡千

付挑力　錢二千

付信資　錢二千

共付錢四百一十六千三〢合銀三百兩正

二月

付員司伙食　錢〢〤千

付員司燈油　錢二十千

付電報費　錢二十千

付信資　錢〡千

付挑夫脚力　錢〡〤千

付公事信箋　錢十千

付筆墨紙張　錢卅千

付綿煙　錢〡〥十千

付茶葉　錢〡〥十千

付來往划子　錢〡〤十千

付牛燭　錢〤千

付紙條　錢十千

共付錢五百六十三千〥合銀四百兩正

三月　付員司伙食　錢〢〥百千

二

付員司燈油　錢〥十千

付起重小工八十名力　錢廿千

付信封信紙　錢〡〥十千

付茶葉　錢〡一十千

付綿煙　錢〡二十千

付電報費　錢〢三十千

付筆墨　錢〡〥十千

付紙張　錢〡〥十千

付剝船　錢卅千

付挑力　錢文

付信資　錢〤千

付牛燭　錢〣千

共付錢四百二十八千文合銀三百两正

三

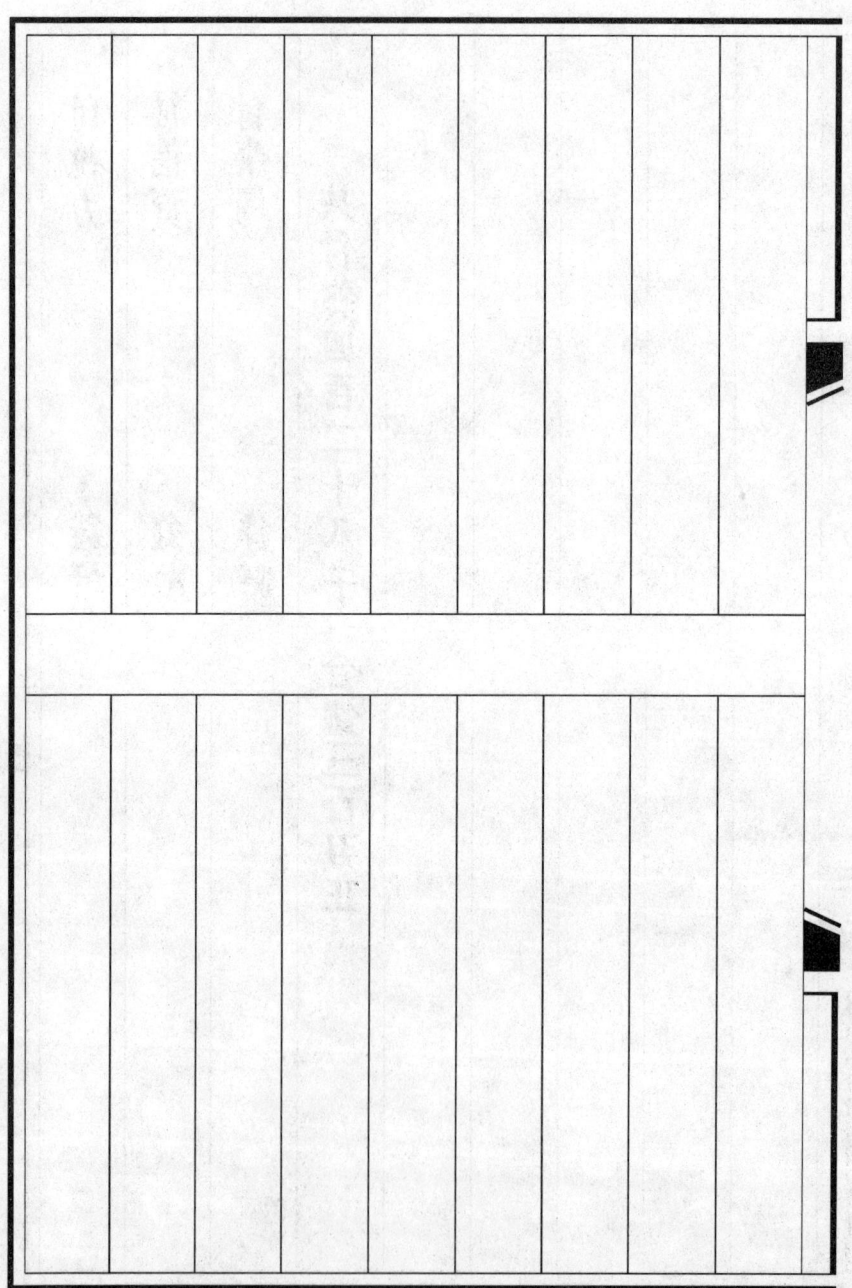

彙清簿

卷三

銀款該各項正月分收

正月初一日該資本　銀十万两

廿六日該百川通　銀〤千两

共銀十萬四千兩

各項該銀款正月分付

正月初一日百川通該　銀〥工朋

十三日丙號該　銀〣千两

廿六日桌椅器具該　銀〢十两

三十日工匠藝徒工食該　銀〡千两

又　局用雜用錢款該　共銀十萬二千九百兩　銀順两

匯票該戊號正月分收

正月廿六日第一號匯票二月廿六日到期　銀〦〡千两

庚號該期票正月分付

正月廿九日第一號期票三月十五日到期　銀〥千两

又　第二號期票三月廿七日到期　銀〧〣千两

共銀一萬二千三百兩

貨款該各號正月分買

正月初三日該辛號　銀〡〨兩

初八日該丁號　銀〡〤兩

十四日該丁號　銀〡〥兩

十三日該丙號　銀〥〨兩

二十日該庚號　銀〡〣兩

共銀六萬八千二百兩

戊號該貨款　正月分賣

正月十四日該布價　銀〦〡兩

銀款該各項　二月分收

二月初十日該百川通　銀〤仟两

十四日該百川通　銀〤仟两

廿六日該百川通　銀〩仟两

三共銀一萬七千兩

二月十八日該貨款　銀〡佰两

廿七日該貨款　銀〨佰两

二共銀九百兩

二十日該甲號　銀〢仟两

廿六日該匯票第一號　銀〦〡仟两

統共銀二萬七千〇兩

各項該銀款 二月分付

二月初十日貨款該 銀〤〩千兩

十四日丙號該 銀〢〥千兩

十七日員司洋匠薪水該 銀〡千兩

二十日百川通該 銀〣千兩

廿六日丁號該 銀〡〤千兩

廿九日工匠藝徒工食該 銀〡〢千兩

又 局用錢款雜用該 銀〤百兩

共銀二萬七千二百兩

各號該貸款

二月初三日乙號該 銀〡千两

初五日巳號該 銀〣〡千两

二十日甲號該 銀〥〡千两

廿六日戊號該 銀〤千两

又 丁號棉花失重該 銀〩十两

共銀二萬一千一百九十兩

丁號該利息

二月廿六日棉花潮濕扣價　銀〡一两

銀款該各項三月分收

三月初五日該乙號　銀仟两

十四日該百川通　銀奸两

三十日該百川通　銀ㄓ〦两

共〣万两

二十日該甲號（月〦两　以两）　銀啾两

廿四日該匯票第二號　銀以两

又　該匯票第五號　銀〤〡两

共〡〇〦两

三十日該利息　銀〣陌两

共銀九萬六千二百兩

各項該銀款 三月分付

三月十四日期票該 銀〥千兩

廿七日期票該 銀〢〣萬兩 共〡〣萬兩

二十日百川通該 銀〢千兩

廿一日盈蔚該 失票 銀〥千兩

廿四日利息該 扣現 銀十兩

廿五日員司洋匠薪水該 銀〡千兩

三十日局用水脚關税該 銀〥〥百兩

又　工匠藝徒工食該　銀〡〨玥

又　局用什用錢款該　銀川石刃

共銀一萬七千七百十兩

匯票該各號

三月十六日該戊號第二號票　銀以玥

二十日該甲號第三號票　銀〡〨玥

三月廿一日該巳號第四號票　銀乄千刃

又　該巳號第五號票　銀〤〡玥

共〣〡玥

共銀二萬一千兩

各號該期票

三月二十日辛號該第三號票四月初六日到期　銀〡万両

又　辛號該第四號票四月十六日到期　銀〦仟両

廿八日丁號該第五號票五月十九日到期　銀〨仟両

又　丁號該第六號票五月廿二日到期　銀〦〥佰両

共銀三萬零五百兩

貨款該各項

三月初三日該王號機油什項　銀〨仟両

十九日該外洋機件匯使館　銀〦仟両

三十日該予號油紙蔴繩　共銀一萬三千五百兩　銀〥百兩

利息該各項

三月初五日該乙號買布扣價　銀十兩

二十日該甲號買紗扣價　銀〡百兩

共銀一百十兩

各號該貨款　三月分賣

三月初七日乙號該脚花　銀〡〣兩

初十日乙號該紗布　銀〡〤兩

共〢〧兩

十八日己號該布　銀〢[illegible]千兩

廿三日己號該布　銀〡〣千兩

共[illegible]千兩

二十日甲號該布　銀〡[illegible]千兩

三十日員司駱布號貨挂借該　銀〡〢千兩

共銀二萬三千二百兩

丁號該匯票

三月廿八日該第四號匯票抵帳用五月十五日到期　銀〤千兩

癸號該貨款

三月廿八日寄福和輪船貨一單該貨款　銀[illegible]千兩

局用該各項

三月三十日該工食　銀〢〦兩

又　該員司洋匠三個月應領薪水　銀〡〨兩

共銀五千二百兩

盈虧該局用

三月三十日該局用　銀〤〨兩

各項該盈虧

三月三十日貨款該　銀〣〤兩

又　利息該　銀〡〦兩

共銀一萬零六百七十兩

盈虧該資本

三月三十結帳得利

銀卌二两

總帳簿

卷四

附總結單

資本

該項

三月三十日該較數　銀[illegible]

共該[illegible]

存項

正月初一日存銀款　銀[illegible]

三月三十日存盈虧　銀[illegible]

共存[illegible]

銀款

該項

正月分該各項　銀〡〇〤十兩

二月分該各項　銀〢〦萬兩

三月分該各項　銀〤〢萬兩

共該　〣〢十萬兩

存項

正月分存各項　銀〣〤十兩

二月分存各項　銀〢〣萬兩

三月分存各項　銀〤〡萬兩

三月三十日存較數　銀〥〣萬兩

共存　〣〢十萬兩

該項	
正月初一日該銀款	銀[illegible]
二月二十日該銀款	銀[illegible]
三月二十日該銀款	銀[illegible]
共該 冋捌	

存項	
正月廿六日存銀款	銀[illegible]
二月初十日存銀款	銀[illegible]
三月三十日存銀款	銀[illegible]
共存 冋捌	

收滙票

該項

正月廿六日該戊號第一號票　銀〦〡千兩

三月廿一日該各號第二三四五號　銀〢一万兩

共該　〢〧〡万兩

實該較數

存項

二月廿六日存銀款第一號　銀〦〡千兩

三月廿四日存銀款第二五號　銀〡〥万兩

三月廿八日存丁款第四號　銀〤千兩

三月三十日存較數　銀〦〥千兩

共存　〣〦〡万兩

發期票

該項

三月十四日該銀款　銀〡〢〣兩

三月三十日該較數　銀〡〤〨兩

共該　〤〢兩

存項

正月廿九日存庚號第一號期票　銀〥千兩

又　存庚號第二號　銀〢〣千兩

三月廿八日存各號第三四五六號期票　銀〡〤〨兩

共存　〤〢兩

實存較數

該項

正月廿六日置器具該銀款　銀卅两

共該　卅两

實該較數

存項

三月三十日存較數　銀卅两

共存　卅两

貨款

該項	
正月二十日該各號	銀[illegible]
二月初十日該銀款	銀[illegible]
三月三十日該各項 王號子號 外洋賬件	銀[illegible]
又該盈虧	銀[illegible]
共該 [illegible]	

存項	
正月十四日存戊號	銀[illegible]
二月廿七日存銀款	銀[illegible]
二月廿六日存各號	銀[illegible]
三月三十日存各號	銀[illegible]
又存癸號	銀[illegible]
又現存紗布棉花機件什項估銀[illegible]	
共存 [illegible]	

薪水

該項

二月十七日司員洋匠該銀款　銀仟両

三月廿五日司員洋匠該銀款　銀仟両

共該　仟両

實該較數

存項

三月三十日存局用三個月備支薪水　銀佰両

又　存較數　銀佰両

共存　仟両

工食

該項

正月三十日工食該銀款　銀仟刃

二月廿九日工匠藝徒該銀款　銀仁兩

三月三十日工匠藝徒該銀款　銀〨兩

共該　肚兩

存項

三月三十日存局用　銀〣兩

共存　〣兩

該項

三月三十日該較數　銀　仟兩

共該　仟兩

存項

三月十九日存貨款　銀　仟兩

共存　仟兩

利息

該項

三月廿四日該銀款扣現　銀十两

三月三十日該各項　銀、〡一两

又過該盈虧　銀〡〣两

共該　〡〩两

存項

二月廿六日存丁號　銀〡一两

三月三十日存銀款　銀〣百两

共存　〡〩两

該項

三月廿一日該銀款失票　銀什兩

又　該局用　銀以兩

又　過該資本　銀呰兩

共該　呰兩

存項

三月三十日存利息　銀旹兩

又　存貨款　銀𢇁兩

共存　呰兩

局用

該項	
正月三十日雜用錢款該銀款	銀〣佰両
二月廿九日雜用錢款該銀款	銀〤佰両
三月三十日雜用錢款該銀款	銀〣佰両
又水脚關稅挑力該銀款	銀〥〥佰両
又該員司洋匠薪水三个月	銀〡〥拾両
又該工食	銀〣〧拾両
共該	〡〧〥拾両

存項	
三月三十日過存盈虧	銀〡〧〥拾両
共存	〡〧〥拾両

甲號

該項	二月二十日該貨款 銀〨〦兩	三月二十日該貨款 銀〡〇〨兩				共該 〣〡兩			
存項	二月二十日存銀款 銀〣千兩	三月二十日存銀款 銀〣〩兩	又 存第三號匯票 銀〦〨兩	又 存利息 銀〡百兩	三月三十日存較數 銀〣〦兩	共存 〣〡兩			

乙號

該項	二月初三日該貨款	銀仟両	
	三月三十日該貨款	銀忙両	
	共該	吡両	
存項	三月初五日存銀款	銀仟両	
	又 存利息	銀十両	
	又 存較數	銀收両	
	共存	吡両	

丙號

該項

正月十三日該銀款　銀听刃

二月十四日該銀款　銀忊扨

共該　紸扨

存項

正月十三日存貨款　銀紸扨

共存　紸扨

丁號

該項	
二月廿六日該銀款	銀〡〤兩
又該貨款	銀〤〸兩
又該利息	銀〡一兩
三月廿八日該第五六號期票	銀〣〥兩
又該第四號匯票	銀〤〸兩
該較數	銀〡〸兩
共該	〣兩

存項	
正月初八日存貨款	銀〡〥〡兩
十四日存貨款	銀〡〢〥兩
共存	〣兩

戊號

該項

正月十四日該貨款　銀〦〡两

二月廿六日該貨款　銀〦〤两

共該　〡〢〥两

存項

正月廿六日存第一號匯票　銀〦〡两

三月十六日存第二號匯票　銀〦〤两

共存　〡〢〥两

己號

該項	二月初五日該貨欵 銀圭丨两	三月三十日該貨欵 銀圭圭两	共該 吱硼					
存項	三月廿一日存第四五號匯票 銀圭丨两	三月三十日存較數 圭圭两	共存 吱硼					

十

庚號

該項

正月廿九日該第一號期票　銀〥仟两

又　該第二號期票　銀〧〣仟两

共該　〡〢〣万两

存項

正月二十日存貨款　銀〡〢〣万两

共存　〡〢〣万两

辛號

該項

三月三十日該第三四號期票　銀〡土朋

共該　〡土朋

存項

正月三十日存貨款　銀〡土朋

共存　〡土朋

壬號

該項

三月三十日該較數　銀圷刄

共該　圷刄

存項

三月初三日存貨款機油什項　銀圷刄

共存　圷刄

子號

該項

三月三十日該較數　銀　佰　刃

共該　佰　刃

存項

三月三十日存貨款　銀　佰　刃

共存　佰　刃

癸號

該項

三月廿七日福和運貨該貨款　銀〥〢玥

共該　〥〢玥

存項

三月三十日存較數　〥〢玥

共存　〥〢玥

掛借

該項

三月三十日員司除布該貨款　銀仁刅

共該　仁刅

存項

三月三十日存較數　銀仁刅

共存　仁刅

總結

該款項下	
一該期票	銀〢〥万两
一該外洋購件	銀〡千两
一該丁號	銀十两
一該壬號	銀〦〡两
一該子號	銀〥百两
一該資本	銀[illegible]万两

存款項下	
一存銀款	銀〥〩万两
一存匯票	銀〡〥千两
一存置器用	銀〢〦千两
一存存貨	銀〢〤〣万两
一存甲號	銀〢〦千两
一存乙號	銀〢〩千两
一存薪水長支	銀〥百两
一存己號	銀〦〣千两

共該銀一十四萬七千八百八十兩

一存癸號　銀〥〣两

一存挂借　銀〡二两

共存銀一十四萬七千八百八十兩

資本十萬兩　三個月實得利銀三千八百七十兩

流水簿

卷一

買 該		
正月初三日	買辛號棉花一單	銀〡亠两
初八日	買丁號棉花一單	銀〡〨两
十三日	買丙號棉花一單	銀〨亖两
十四日	買丁號棉花一單	銀〡〨两
二十日	買庚號棉花一單	銀〡〣两
三十日	錢欵什用共	銀〣百两
二月初十日	現買棉一單	銀〤〤两
廿八日	錢欵什用共	銀〤百两

賣 存		
正月十四日	賣戊號紗布一單	銀〢两
二月初三日	賣乙號紗布一單	銀〡千两
初五日	賣巳號紗布一單	銀亖〡两
十八日	賣現錢布一單	銀〡百两
二十日	賣甲號紗布	銀〨〦两
廿六日	賣戊號紗布	銀〤〤两
又	扣丁號棉花失重	銀〤十两
又	扣丁號利息	銀〡一两

三月初三日買壬號機油什項　銀圩刄
初五日乙號扣利息　銀〡十刄
十九日買外洋機件一單　銀〢千刄
二十日該甲號扣利息　銀〡佰刄
廿一日該銀欵失票　銀〨十刄
廿八日該寄貨往上海水腳關稅　銀〨〨朋
又　該錢欵什用共　銀〣佰刄
又　該司員洋匠三個月薪水　銀〡〨朋
又　買子號油紙蔴繩　銀〨佰刄

又　賣現銀布一單　銀垍刄
三月初七日賣乙號布一單　銀〡〣朋
初十日賣乙號紗布一單　銀〡〤朋
十八日賣己號布　銀〢〨朋
二十日賣甲號布　銀〡〇〨朋
廿三日賣己號布　銀〣〣朋
廿八日寄福和交上海癸號貨一單　銀〨〣朋
又　存員司除布掛借　銀〡〢朋
又　存百川通利息　銀垍刄

銀款簿

卷二

銀欵

該項

正月初一日該資本　銀扐刃

廿六日該百川通　銀奷刃

共該銀十萬四千兩

二月初一日該上月結存　銀丨一翊

存項

正月初一日存百川通　銀夂山朋

十三日存丙字號　銀忻刃

廿六日存泉椅器具一單　銀丨山翊

三十日存工匠藝徒工食　銀仟刃

又　存雜用錢欵　銀帕刃

結存　銀丨一翊

共存銀十萬四千兩

二月初十日存購棉花　銀XX翊

初十日該百川通　銀炘刃

十四日該百川通　銀炘刃

十八日該售布　銀佰刃

二十日該甲字號　銀㸿刃

廿六日該第一號匯票戊字號交來　銀乂栁

又　該百川通　銀炘刃

廿七日該售紗　銀䦥刃

共該銀二萬八千一百兩

三月初一日該上月結存　銀炟刃

十四日存丙字號　銀恠栩

十七日存員司洋匠薪水　銀仟刃

二十日存百川通　銀㸿刃

廿六日存丁字號　銀㐺朋

廿九日存工匠藝徒工食　銀仁栩

又　存雜用錢款　銀炟刃

結存　銀炟刃

共存銀二萬八千一百兩

三月十四日存第一號期票交戊號　銀纤刃

初五日該乙字號　銀仟刃
十四日該百川通　銀纤刃
二十日該甲字號　銀川䏻
又　該甲字號　銀〤䏻
又　該第二號匯票　銀以䏻
又　該第五號匯票　銀〤〡䏻
三十日該百川通　銀〸〨朋
又　該利息百川通存欵　銀䧺刃

二十日存百川通　銀忓刃
廿一日失去銀票一紙出具廚帳　銀纤刃
廿四日存匯票三張扣現貼利息　銀什刃
廿五日存員司洋匠薪水　銀仟刃
廿七日存第三號期票戊戌號　銀〥川䏻
三十日存寄貨往滬水脚關稅　銀〨〨朋
又　存工匠藝徒工食　銀〡〨䏻
又　存雜用錢欵　銀〢佰刃
結存　銀〥〣〩朋

二

共該銀九萬七千一百兩

共存銀九萬七千一百兩

錢款雜用簿

附上卷

錢款雜用簿

正月　付員司伙食　錢〢〤千

付員司燈油　錢〦千

付茶葉　錢〡千

付煙　錢〡千

付紙張　錢〢千

付筆　錢〣千

付墨　錢〢千

付剝船來往　錢〡千

付電報費　錢〡千

付挑力　錢〣千

付信資　錢〣千

共付錢四百一十六千〦〢合銀三百男正

二月

付員司伙食　錢〢〥百千

付員司燈油　錢〦千

付電報費　錢〦千

付信資　錢〡千

付挑夫腳力　錢〡〤千

付公事信箋　錢十千

付筆墨紙張　錢〣十千

付綿煙　錢〡〨十千

付茶葉　錢〡〨十千

付來往划子　錢〡〤十千

付牛燭　錢〤十千

付紙條　錢十千

共付錢五百六十三千文合銀四百两正

三月　付員司伙食　錢〢〨〢十千

付員司燈油　錢〨十千

付起重小工八十名力　錢卄千

付信封信紙　錢〡〨十千

付茶葉　錢〡一十千

付綿煙　錢〡二十千

付電報費　錢〢〣十千

付筆墨　錢〡〨十千

付紙張　錢〡〨十千

付剝船　錢二十千

付挑力　錢〢千

付信資　錢〤千

付牛燭　錢〣千

共付錢四百二十八千〢千合銀三百刄正

總帳簿

卷三

附總結一單

資本

該項

三月三十日該薪水　銀〡〨两

三月三十日該局用　銀〢〤两

又　該現存本　銀〡〣〤〦两

共銀〡〤〦〦两

存項

正月初一日存現　銀〣〢两

三月三十日得利毛數　銀〤〤两

共銀〡〤〦〦两

銀號

百川通　該項

正月初一日該　銀〤〢兩

二月二十日該　銀〢千兩

三月二十日該　銀〢千兩

共銀〡〇萬兩

存項

正月廿六日存　銀〤千兩

二月初十日存　銀〤千兩

十四日存　銀〤千兩

廿九日存　銀〥千兩

三月十四日存　銀〨千兩

三十日存　銀〦〨兩

共銀〡〇萬兩

置器

該項

正月廿六日買器具棹椅　銀廿两

存項

結存　銀廿两

甲號

該項

二月初十日該布價　銀〥〦两

三月二十日該布價　銀〡〇〥两

共銀〡〦〡两

存項

二月二十日存現　銀〣千两

三月二十日存現　銀〢〤两

又存利息　銀〡百两

結存　銀〤〡两

共銀〡〦〡两

乙號

該項

二月初三日該　銀〡千兩

三月初七日該貨　銀〡三拐

初十日該貨　銀〡〤拐

共銀〢二拐

存項

三月初五日存現　銀〡千兩

又　存利息　銀十兩

結　存　銀收兩

共銀〢二拐

三

丙號

該項

正月十三日該現　銀肝刃

二月十四日該現　銀忓刕

共銀紶刕

存項

正月十三日存棉花　銀紶刕

丁號

該項

二月廿六日該現	銀〡〤〤两
又　該利息	銀〡一两
又　該第四號匯票	銀〤千两
又　該棉花失重	銀〤十两
結　該	銀〦〣两
共銀〢〣两	

存項

正月初八日存貨款	銀〡〤〢两
十四日存貨款	銀〦〨两
共銀〢〣两	

戊號

該項

正月十四日該貨欵　銀丩两

二月廿六日該貨欵　銀以两

共銀卜8两

存項

正月廿六日存第一號票　銀丩两

三月十六日存第二號票　銀以两

共銀卜8两

己號

該項

正月初五日該貨欵　銀〣〡两

十八日該貨欵　銀〢〨两

三月廿三日該貨欵　銀〡〣两

共銀收两

存項

三月廿四日存第五號票　銀〤〡两

廿八日存第四號票　銀〤千两

結存　銀〣〢两

共銀收两

庚號

該項

三月十四日該第一號票　銀仟刃

廿六日該第二號票　銀亠川甬

共銀卜川朋

存項

正月二十日存貨欵　銀卜川册

千號

該項

三月三十日結該　銀　　兩

存項

正月初三日存貨欵　銀　　兩

六

王號

該項

結該

銀仟两

存項

三月初三日存貨欵什項（機油）

銀仟两

癸號

該項

三月廿八日福和運貨該貨欵　銀刈玥

存項

結存　銀刈玥

外洋購件

該項

結該　　銀圩刃

存項

三月十九日存貨欵買外洋機件　銀圩刃

子號

該項

結該　　銀佰兩

存項

三月三十日存油紙蔴紕一單　銀佰兩

薪水

該項

二月十七日員司洋匠薪水該　銀仟两

三月廿五日員司洋匠薪水該　銀仟两

共銀仟两

存項

三月三十日存員司洋匠三個月薪水　銀佰拾两

結存　銀佰两

共銀仟两

該項	
正月三十日該銀款工食	銀〡仟两
二月廿八日該銀款工食	銀〡二两
三月三十日該銀款工食	銀〡〨两
共銀[illegible]两	

存項	
三月三十日存資本	銀[illegible]两
共銀[illegible]两	

挂借

該項

三月三十日貝司賒布挂借該　銀仁拐

存項

結存　銀仁拐

總結

一該丁號	銀〨〢兩
一該辛號	銀〡〦兩
一該壬號	銀〡仟兩
一該外洋購件	銀〦仟兩
一該子號油紙蔴繩	銀〨佰兩

一存置器	銀〢兩
一存甲號	銀〤〡兩
一存乙號	銀〢〩兩
一存已號	銀〦〦兩
一存癸號	銀〨〣兩
一存薪水長支	銀〨佰兩
一存挂借	銀〡〢兩
一存銀欵簿尾存	銀[illegible]兩

共銀[illegible]两

除該外實存本利銀[illegible]两

資本[illegible]

三個月實得利銀[illegible]两

一存現存紗布棉花機油估　銀[illegible]两

共存銀[illegible]两

滙期票表

收滙票

號數	何日收	入帳	出票人	向誰收	發票日期	期限	何日到期	共數	何日收用	作何用 付銀款
號〡	正月廿六日	戊字號	戊號	戊號	正月十四日	四十天	二月廿六日	〡万〦千	二月廿六日	
號〢	三月十六日	戊字號	戊號	戊號	二月廿六日	兩個月	二月廿九日	〤万〦千	三月廿四日	交百川通貼利息扣現代收
號〣	三月二十日	甲字號	張三	李四	三月初七日	兩個月	五月初十日	〥万〦千	三月廿八日	
號〤	三月廿一日	己字號	己字號	陳五	三月十二日	兩個月	五月十五日	千〤万	三月廿八日	轉付丁字號抵帳
號〥	三月廿一日	己字號	己字號	己號期票	三月二十日	兩個月	五月廿三日	〡万〤千	三月廿四日	交百川通貼息扣現代收

發期票

號數	照票日期	出帳	交何人	發票日期	期限	屆期	共數	何日付		付何人
〡號	正月廿九日	庚字號	何六	正月十二日	兩個月	三月十五日	〥千両	三月十四日		付何六
〢號	正月廿九日	庚字號	交庚號	正月廿四日	兩個月	三月廿七日	〣〧千両	三月廿七日		由百川通付
〣號	三月二十日	辛字號	周七	三月十四日	二十日	四月初六日	〡万両			
〤號	三月二十日	辛字號	胡八	三月十四日	三十日	四月十六日	〧千両			
〥號	三月廿八日	丁字號	區九	三月十六日	兩個月	五月十九日	〦千両			
〦號	三月廿八日	丁字號	丁號	三月十九日	兩個月	五月廿二日	〥〧千両			

薪水表

月份	提調趙	坐辦馮	委員侯	瑛	李	張	本月共支
正月	〤十兩	〤十兩	〣十兩	〣十兩	〢十兩	〢十兩	〡百〨十兩
二月	仝上	仝上	仝上	仝上	仝上	仝上	〡百〨十兩
三月	仝上	仝上	仝上	仝上	仝上	初一日銷差	〡百〦十兩
四月	仝上	仝上	仝上	仝上	仝上		〡百〦十兩
五月	仝上	仝上	仝上	仝上	仝上		〡百〦十兩
六月	仝上	仝上	仝上	仝上	仝上		〡百〦十兩
七月	仝上	仝上	仝上	仝上	仝上		〡百〦十兩
八月	仝上	仝上	仝上	仝上	仝上		〡百〦十兩
九月	仝上	仝上	仝上	仝上	仝上		〡百〦十兩
十月	仝上	仝上	仝上	仝上	仝上		〡百〦十兩
十一月	仝上	仝上	仝上	仝上	仝上		〡百〦十兩
十二月	仝上	仝上	仝上	仝上	仝上		〡百〦十兩
全年共支	〤百〨十兩	〤百〨十兩	〣百〦十兩	〣百〦十兩	〢百〤十兩	〤十兩	〡千〩百〦十兩

一

司事陳	李	張	黃	本月共支	洋匠史疏	彬覓斯	本月共支
十串	十串	十串		〣十串	六十鎊十先令八本士	二十鎊三先令二本士	八十鎊十三先令十本士
十二串	十二串	十串	初十日到差六串	〤十串	仝	仝	仝
仝上	仝上	仝上	六串	〤十串	仝	仝	仝
仝上	仝上	仝上	仝上	〤十串	仝	銷差	六十鎊十先令八本士
十串	十串	十二串	十二串	〣〤串	仝		仝
仝	仝	仝	仝	〣〤十串	仝		仝
仝	仝	仝	八串	〤十串	仝		仝
仝	仝	仝	仝	〤十串	仝		仝
仝	仝	仝	仝	〤十串	仝		仝
仝	仝	仝	仝	〤十串	仝		仝
仝	初一日銷差	仝	仝	〣十串	仝		仝
仝		仝	仝	〣十串	仝		仝
〡二〦百串	〡〇〦百串	〡〣〦百串	〩十串	〤〥〨百串	七百二十六鎊八先令	六十鎊九先令六本士	七百八十六鎊十七先令六本士

右連環帳譜二卷龍溪蔡毅若觀察所箸也其法剏自意大利人歐美商學家皆奉爲圭臬無論若何鉅欵悉能錯綜交互勘若列眉旣無錯漏之虞且杜欺隱之弊盈虧豐歉一目了然記帳之法莫妙於此觀察擇其最精之本譯之參以中土要理撰成此書嘉惠後人良非淺尠觀察學行向爲同輩所推許其肄業粤東同文館時與余總角相交最稱莫逆常以算學相切磋後同事雷局有年尤以公義相砥礪及觀察筮仕於鄂余承推轂適館來遊相得益深私心竊慰不意丁酉之歲遽歸道山每憶知交曷勝人琴之感客歲暮其哲嗣

子英太守以原稿見示細讀一過撫今追昔爲之惘然因慫
慂付梓以饟來學今刻工既竣謹任校對幷識其緣起如此
光緒三十二年中和節花縣湯金鑄謹跋

連環帳譜後述

璋幼時誦讀之暇習書計嘗聞諸先大夫之言曰數以理煩煩而執簡以操之其庶幾矣然竊見司會計者繁而寡要見者目眩而神迷非口而指之漫無端緒而宦途新舊之際勾稽財用常至累月踰時繆繞而不可爬梳因念曩游歐洲見義人精計算條分縷析鉤檢井井以制官用以厄家計大而集伙之公司小而一家之生業如絲之析而益紛而引其緒未嘗棄也夷攷其諸國局廠所用大率範圍於此於是紬以歲月譯成首卷而又旁徵泛覽攟摭新法之精以寓者綴成

二三兩卷其意蓋括出納隆殺盈虧息耗之數首尾纙屬層層勾會曲有綱貫離而件之彙而聯之彌衆而易見愈詳而不棼非須積日而後稽也勿假咨詢而後晰也披文指要卽時了了遺命璋循守之鋟行於世命曰連環帳譜凡四卷璋嘗游日本見其工商百族簿注粲然國家綜覈財賦調查至明而易然後知簿錄之法之良實爲運籌者所不能越而日本且以列學科之一烏容覷忽今朝廷剏始商部汲汲以勸厲廛賈爲務然則是編於計然之策斯亦溯源之濫觴與光緒乙巳臘月 男 璋謹識

《會計經典叢書》已出版著作目錄

書名	作者
《簿記論》	盧卡·帕喬利
《連環帳譜》	蔡錫勇
《銀行簿記學》	謝　霖
《無形資産論》	楊汝梅
《高級商業簿記教科書》	潘序倫
《改良中式簿記概説》	徐永祚